O LONGO PRAZO SEMPRE VENCE

O longo prazo sempre vence

2ª edição: Setembro 2025

Autor:
Cézar Haik

Revisão:
3GB Comunicação
Equipe Citadel

Projeto gráfico e capa:
Jéssica Wendy

Impressão:
Plena Print

DADOS INTERNACIONAIS DE CATALOGAÇÃO NA PUBLICAÇÃO (CIP)

Haik, Cézar
O longo prazo sempre vence : transformando dores em combustão / Cézar Haik. — Porto Alegre : Citadel, 2025.
192 p.

ISBN 978-65-5047-682-3

1. Desenvolvimento pessoal 2. Autorrealização 3. Motivação
I. Título

25-3689 CDD – 158.1

Angélica Ilacqua – Bibliotecária – CRB-8/7057

Produção editorial e distribuição:

CITADEL Grupo Editorial

contato@citadel.com.br
www.citadel.com.br

O LONGO PRAZO SEMPRE VENCE

Transformando dores em combustão

CÉZAR HAIK

CITADEL
Grupo Editorial
2025

SUMÁRIO

PREFÁCIO

por JOEL JOTA

EMPRESÁRIO, INVESTIDOR E ESCRITOR BEST-SELLER

Sempre acreditei que escrever um prefácio é mais do que cumprir uma formalidade. É uma honra. É abrir caminho para o leitor e preparar o terreno para que ele absorva não apenas as palavras, mas também a alma de quem as escreveu. Sempre encarei essa missão com orgulho e responsabilidade, porque um bom prefácio é quase uma promessa de que o que vem a seguir vai transformar quem lê.

Este livro tem um peso especial. Entrega algo raro: uma visão real, prática e verdadeira de uma história que não foi escrita para impressionar, mas para transformar. Cézar ou Cézinha (como carinhosamente o chamo) não romantiza o que viveu. Ele expõe dores, vitórias e lições com clareza, mostrando que a vida, embora dura, recompensa quem aprende a jogar o jogo certo.

Hoje ele é meu sócio no maior movimento de real estate que este Brasil já viu, a ATrinca Real Estate. Também foi e é meu sócio na Mentoring League Society, e toda essa relação começou através do Clax Club. Desde o início, percebi nele valores que me conquistaram: integridade, disciplina, lealdade e fé na educação como base de qualquer crescimento. É alguém que aprende todos os dias e, mais importante, aplica o que aprende.

Sempre apoiei tudo que fortalece a educação. Como leitor voraz, acredito que livros têm poder de mudar destinos. Quando vejo uma obra que une história de vida, educação e desejo genuíno de inspirar, apoio sem hesitar. Foi assim com este livro.

Lembro de uma conversa nossa, na casa da Trinca, em Angra. Depois de um passeio de barco, falamos da importância de ele registrar sua história. Incentivei-o a escrever não só pelo que viveu, mas também pelo conceito central que defende: o longo prazo.

TUDO O QUE É SÓLIDO NASCE DA CONSISTÊNCIA. NÃO HÁ ATALHOS PARA RESULTADOS QUE IMPORTAM.

As vitórias que resistem são as que respeitam o tempo, e o tempo só se curva a quem respeita o processo.

Aqui, o leitor vai aprender a transformar dor em combustível, perdas em alavancas de crescimento e responsabilidade em poder pessoal. Vai entender que a mentalidade de longo prazo não é opcional, mas essencial para construir algo que valha a pena.

Vai descobrir também que as pessoas certas fazem diferença. Mentores, amigos e sócios que puxam para cima e acreditam antes mesmo que você acredite. E que integridade é patrimônio que não se negocia.

Escrevo este prefácio feliz e orgulhoso. Feliz por ver um amigo realizar um sonho com propósito. Orgulhoso por saber que sua história vai inspirar pessoas a vencer. E certo de que, antes de virar a última página, você já terá sido transformado.

PRÓLOGO

O NASCIMENTO DE UM LIVRO

Estou escrevendo este livro para ensinar meu filho a transformar morte em vida. Assim como eu fiz.

Sete horas e três minutos da manhã. Dia 7 de setembro de 2024. Meu filho nasce e meu pai volta a viver. Não é metáfora. O nome dele respira novamente: Cézar Augusto Haik Neto.

Meu pai morreu quando eu tinha 6 anos.

Hoje, aos 32, seguro um bebê que carrega o nome do homem que nunca pôde me ver crescer. E enquanto Rafaella dorme exausta ao lado do nosso pequeno guerreiro, é como se meu pai estivesse me dizendo: "Agora, filho. Agora". Eu abro o computador e começo a escrever.

Por quê? Porque em poucas horas eu entendi uma coisa: se eu morrer amanhã, meu filho precisa saber como fazer da dor o início, não o fim da história. Como transformar essa dor em combustível para a vida.

DOR OU TE PARALISA OU TE ACELERA. VOCÊ ESCOLHE.

Eu escolhi acelerar. Quebrei recordes de sessenta anos na maior construtora do país. Saí do interior sem nada e conquistei São Paulo. Transformei cada "não" em energia, cada perda em aprendizado. Mas nada disso importa se meu filho não aprender a verdade mais dura que existe: todo campeão sangra. Mas sangue pode ser duas coisas: prova de que você perdeu ou combustível para continuar.

Talvez você também tenha perdido algo. Ou alguém. A pergunta é: vai deixar isso te enterrar ou vai usar como trampolim?

Este livro não é sobre minha história no detalhe. É sobre a mentalidade que extraí dela. Eu tinha tudo para dar errado – pai morto, família quebrada, zero conexão. Mas descobri como transformar dor em combustão. E vou te mostrar o passo a passo.

AVISO: vou dizer coisas que vão te incomodar. Que motivação é para fracos. Que equilíbrio é desculpa de quem não aguenta pressão. Que "não consegui" é a frase mais covarde que existe.

Se você tem fome de vitória mas não sabe como alimentá-la, este livro é seu manual. Se você está cansado de assistir a outros vencerem enquanto você explica por que não deu certo, chegou sua hora.

Vivemos para sonhar, sonhamos para realizar, realizamos para inspirar. Esse mantra nasceu em 2022, quando eu estava no topo e mesmo assim questionava tudo. Porque o campeão verdadeiro questiona especialmente quando está ganhando.

Acredito em quatro momentos: o que você sabe, o que você faz, o que você realiza e o que você transborda. A maioria morre no primeiro. Alguns chegam ao segundo. Poucos alcançam o terceiro. Raríssimos transbordam.

O transbordo é quando seu sucesso contamina outros. Quando sua mentalidade vira epidemia. Quando você para de vencer sozinho e começa a criar outros vencedores. Essa é a verdadeira riqueza. E é por isso que o longo prazo sempre vence.

Todas as noites ainda sinto frio na barriga, achando que vou falhar. E espero que isso nunca pare de acontecer. Sabe por quê? Porque eu aprendi que esse frio é o que alimenta os campeões. É o que nos impede de dormir no ponto. É o medo de perder tudo que nos faz ganhar mais. A diferença é que antes esse medo me paralisava. Hoje sei transformá-lo em combustão. Em energia pura. É como ter um motor V8 no peito – quanto mais pressão, mais potência.

Meu filho me fez abrir o coração sem filtro. Cada palavra aqui é testamento. Cada capítulo é DNA. Cada página é o código que usei para sair do zero e que ele usará para ir ainda mais longe.

O que vem por aí não é autoajuda. É um soco no estômago seguido de uma mão estendida. Vou te mostrar como é acordar aos 6 anos e descobrir que seu herói se matou. Como é ouvir "você não tem perfil" quando estava prestes a fazer história. Como é ter mil motivos para se vitimizar e escolher nenhum.

Sabe por que a maioria fracassa? Porque abraça suas desculpas como se fossem troféus. Eu tinha a desculpa perfeita: pai morto, família quebrada, zero oportunidade. Podia ter virado estatística. Mas escolhi virar exceção. Transformei cada "não" em gasolina. Cada porta fechada em combustão. Cada lágrima em estratégia.

Se você está lendo isso procurando conforto, feche o livro. Mas se quer acordar o predador que dorme dentro de você, se quer transformar suas piores dores nas suas maiores armas, então segure firme. Porque o que eu vou te mostrar não é teoria – é sangue de campeão destilado em palavras.

VAMOS TRANSFORMAR ESSE VENENO EM INCÊNDIO.

Agora vire a página.

Seu treinamento começou.

CAPÍTULO 1

QUANDO A VIDA ENSINA PELA DOR

Seis de março de 1998. Aquela manhã estava errada. Eu não sabia explicar como ou por que, mas estava. Minha mãe se movia de forma diferente, falava de forma diferente. Havia algo no ar que fazia meu coração acelerar, meu estômago doer, um frio correndo no meu sangue. Sabe quando você sente que existe algo, mas não sabe o quê?

Morávamos em nossa chácara, em Rio Claro, uma cidade no interior de São Paulo. Eu e minha irmã, Marília, vivíamos ali uma infância que parecia perfeita. Da sala, havia uma janela que me permitia avistar lá fora. Estava escuro, e eu via o carro do meu pai, uma Parati azul, mais distante, parada com a porta aberta. Algo estava muito estranho.

"Papai está checando lá fora", ela disse. Mas eu já tinha visto ele no carro. Já tinha gritado "Papai!" e ela tinha me tirado da janela rapidamente. Minha mãe, nossa guerreira, soube administrar a situação muito bem, nos acalmando, fazendo aquela manhã parecer uma manhã qualquer, mesmo diante de alguns fatos e sentimentos que ela sabia, mas nós não. Ela, com sua força, sempre teve essa grande habilidade.

Vocês devem se perguntar se este é um texto escrito por um redator me ouvindo falar dos meus sentimentos. Não. São meus próprios dedos digitando cada palavra. Mas como lembro de tudo isso aos 6 anos? Sim, lembro. E a cada palavra, um arrepio. Eu fecho os olhos e posso voltar em cada frase escrita como se fosse hoje, agora.

Minha mãe conseguiu que tudo ocorresse bem, e fomos para a escola.

Meu pai sempre me buscava. Todos os dias, sem falhar. Era nosso ritual sagrado – ele na esquina, encostado na parede ao lado da sua Parati azul, me esperando. Mas quando saí naquele dia e vi minha tia Rosana no lugar dele, meu coração disparou. Algo estava muito errado.

Ela me disse que meu pai estava no médico, mas que estava tudo certo, e que nós iríamos para a casa dela, onde eu brincaria com dois primos meus, Lucas e João. Eu sabia que algo estava estranho. Meu pai sempre, sempre me buscava na escola. Por que hoje seria diferente?

Fui para a casa da minha tia, brinquei com meus primos, mas minha mente não conseguia se concentrar em nada. Algo dentro de mim sabia que aquilo não era normal. Logo após o almoço, minha mãe chega na casa da minha tia Rosana.

E aí vem a hora do sofá, em que minha mãe senta na minha frente. A notícia chegou naquele momento, com minha mãe ao lado. Eu não lembro das palavras exatas que ela usou, mas lembro do peso que caiu sobre mim. Meu pai havia morrido. Assassinado por ladrões, ela disse.

Eu não acreditava muito – não porque duvidasse dela, mas porque aos 6 anos a morte ainda parece uma coisa que acontece com outros, nunca com o seu herói.

Saímos dali e fomos para a casa dos meus avós, também em Rio Claro. A primeira pessoa que vi foi a Lucinha, uma funcionária de confiança dos meus avós e muito querida por toda a família. Quando a vi, saí correndo e a abracei. Foi naquele abraço que comecei a chorar. Foi ali que a realidade começou a bater. Dali para a frente, tive um apagão. Não lembro de mais nada. Absolutamente nada.

VOLTO A LEMBRAR APENAS DE UMA CENA. Não lembro quando, que dia, quantas horas depois. Voltei à chácara, nossa casa, e precisei ver. A parede branca do quarto dos meus pais guardava aquela marca – um corte oval, sem tinta, áspero. A marca da bala do revólver.

Eu toquei. E aqui preciso parar para dizer: lembro-me disso como se fosse hoje. Como se estivesse acontecendo agora. Consigo fechar os olhos e reproduzir em um desenho cada detalhe daquela cena. A altura exata da marca na parede. A textura áspera do reboco rachado. O formato oval perfeito. Minha mão pequena de criança passando o dedo por cima, tentando entender.

É uma das memórias mais nítidas que tenho na vida. Como se meu cérebro soubesse que aquele momento era importante demais para esquecer. Mesmo sem entender completamente o que significava, eu sabia que aquela marca contava uma história que ninguém queria me contar.

Havia algo estranho naquilo tudo. A história não se encaixava perfeitamente, mas eu era pequeno demais para questionar. Ainda acreditava na versão dos ladrões, mas aquela marca ficou gravada em mim como um enigma que um dia eu entenderia.

Tempos depois, minha mãe me contou a verdade que destroçaria e ao mesmo tempo forjaria minha alma: meu pai tirou a própria vida. Mas, de uma forma que marcaria ainda mais nossas vidas: ele fez isso em frente à minha mãe.

Ele havia tido problemas com drogas antes do nosso nascimento – eu e minha irmã, Marília. Quando nascemos, ele havia feito uma promessa sagrada: nunca mais utilizar drogas, pelos filhos. E assim o fez. Durante anos, ele cumpriu fielmente essa promessa. Ao passar dos anos, não caiu nessa maldita maldição que são as drogas. Mas a vida, com seus altos e baixos emocionais, acabou sendo mais forte que sua resistência. A recaída aconteceu.

E quando ela aconteceu, ele não conseguiu perdoar a si mesmo por quebrar a promessa que havia feito para nós. A culpa foi mais devastadora que a própria droga.

Imaginem vocês o que isso foi para minha mãe. E para ela cuidar de nós dois depois de tudo isso? O quanto ela foi guerreira? Uma mulher que presenciou o marido tirar a própria vida na sua frente, e ainda assim teve forças para nos criar, nos proteger, nos dar amor. Que força sobre-humana é essa? Que amor incondicional é esse?

A morte do meu pai não me quebrou. Ensinou-me que heróis também sangram. Que homens fortes também caem. E que a diferença entre ser vítima ou campeão não está na ausência da dor – está no que você faz com ela.

Ele me deu a vida duas vezes: no dia em que nasci e no dia que partiu. Porque foi na sua ausência que descobri a minha presença. Foi no seu silêncio que encontrei a minha voz.

Mas a vida ainda não havia terminado de me ensinar suas lições mais duras.

Vô Raggi, meu avô paterno, tinha sido meu segundo pai. Desde que perdi meu pai, aos 6 anos, era ele quem me levava e buscava na escola, me levava no futebol, para passear e comprar sorvete. Era um vozão, diga-se de passagem. Por seis anos, ele preencheu o vazio que meu pai havia deixado. Foi minha figura paterna, meu porto seguro.

Vô Raggi era um grande guerreiro, junto à minha vó Daisy. Para eles, aquilo era mais um golpe devastador da vida – era o segundo filho que partia. Eles já haviam perdido seu primogênito em um acidente fatal, quando ele tinha apenas 7 anos. E agora perdiam meu pai. Mas, mesmo assim, encontraram forças para me acolher, me amar, me criar.

Que força sobre-humana era essa? Que capacidade de resistir e ainda dar amor era essa?

Então veio o câncer. Rápido. Cruel. Como se a vida tivesse pressa de me ensinar que nada é para sempre.

Quando meu avô faleceu, eu tinha 12 anos. E ali foi uma grande virada na minha vida. De quem eu era, de quem havia me tornado e de quem seria dali para a frente. Virei um "jovem rebelde". Não por escolha – por revolta. Não consciente. Mas inconscientemente.

Para minha avó Daisy, isso representava uma terceira perda devastadora. Primeiro, o primogênito, Ragginho, aos 7 anos. Depois meu pai. E agora, seu próprio marido, e meu avô, Raggi, partindo. A vida estava sendo implacável com a nossa família.

Depois de anos fui entender, mas naquele momento eu achava que a vida tinha sido injusta demais comigo. Perder o pai aos 6, o avô aos 12. Qual era o plano? Qual era a lição? Eu não conseguia ver.

A vida me tirou duas figuras paternas. Mas não conseguiu tirar a lição mais importante: que eu teria que tomar as rédeas da minha própria vida.

DOR OU VIRA DESCULPA OU VIRA COMBUSTÍVEL.

A escolha é sempre nossa. E eu escolhi transformar cada lágrima em gasolina. Cada perda em ganho de força. Cada não em sim.

PORQUE É ISSO QUE A VIDA ENSINA PELA DOR: você não controla o que acontece com você. Mas controla 100% o que faz com o que acontece.

E eu estava apenas começando a aprender.

CAPÍTULO 2

A FASE REBELDE

Dos meus 12 aos 17 anos, o guerreiro que a vida tinha forjado em mim decidiu se esconder. Chamei isso de fase rebelde. Era mentira. Era fuga.

Vamos ser diretos: larguei o futebol, repeti de ano na escola, não queria mais estudar. Comecei a entrar para o mundo dos jogos online, frequentar lan houses. Mas algo curioso acontecia: nos jogos, eu era outro. Competitivo, intenso. Passava horas estudando estratégias, montando equipes. O mesmo menino que fugia da escola ficava madrugadas inteiras liderando grupos para vencer. Era como se o guerreiro só conseguisse respirar no mundo virtual.

Ali foi o momento em que até muitos familiares começaram a duvidar de quem eu me tornaria. E com razão.

Sabe o que é um menino de 12 anos que já enterrou dois pais? É uma bomba-relógio. É raiva sem nome. É revolta sem endereço. É querer quebrar o mundo porque o mundo quebrou você primeiro.

Eu olhava para dentro de casa e via minha mãe – Adriana, nossa guerreira de vida – se matando para dar o melhor para mim e para minha irmã. Indo para rua com uma maca nos braços, para fazer massagens durante quinze, dezesseis horas no dia, para poder sustentar nossa casa e dar o melhor para nós.

Aquele sofrimento me matava. Ver a mulher que já tinha visto o marido morrer na frente dela agora carregando o mundo nas costas. E eu? Eu fugia. Para os jogos. Para a rua. Para qualquer lugar que não fosse aquela realidade.

Minha irmã, Marília, tentava me proteger de todas as dificuldades por que passávamos. Ela aprendeu a ser mais forte antes de mim. Era minha protetora. Enquanto eu me revoltava, ela amadurecia. Enquanto eu quebrava, ela construía. E ela via através da máscara. Às vezes me olhava como quem diz: "Eu sei quem você é de verdade. Quando vai parar de fingir?".

Na época, tudo parecia injusto. Eu questionava por que acontecia aquilo com nossa família. Por que tantas dificuldades e sofrimentos. Eu não entendia. Eu só sentia.

MAS HOJE CONSIGO VER: aquilo foi uma fase preparatória. A vida nos forjava para sermos quem precisávamos ser. Fortes com a realidade. Porque a realidade não pede permissão – ela acontece.

Ali estava eu: o menino que tinha tudo para dar certo virando estatística. O filho do Cézar, que morreu. O neto do Raggi, que também morreu. O próximo da fila. Era o que todos pensavam. Era o que eu começava a aceitar.

Mas mesmo rebelde, havia sinais. Quando alguém mexia com minha família, eu virava bicho. Quando via injustiça, meu sangue fervia. O guerreiro dava socos na máscara, tentando sair. Eu só apertava ela mais forte no rosto.

Até que veio o momento.

Minha irmã e minha mãe vieram conversar comigo. Sentamos no sofá – sempre o sofá para as conversas importantes da nossa família. E elas foram diretas: eu estava vivendo uma realidade que não era minha. Precisava tomar uma atitude. As coisas não estavam legais.

Ali a máscara começou a rachar. Foi doloroso admitir que elas estavam certas. Que eu estava me escondendo. Que estava usando minha dor como desculpa.

Talvez fosse ver o cansaço nos olhos da minha mãe. Talvez fosse perceber que minha irmã estava carregando peso demais para a idade dela. Talvez fosse simplesmente a hora.

Mas a verdade é que não era transformação – era reconhecimento. Elas não estavam me pedindo para me tornar algo novo. Estavam me lembrando de quem eu sempre fui. Que eu precisava tomar as rédeas da minha vida e começar a ser o homem da casa. De fato. Não de nome – de atitude. Começar a transformar todas as nossas dificuldades em motivo de orgulho, não de vergonha.

Eu relutei um pouco. Claro, estava confortável na minha zona de revolta. É mais fácil ser vítima do que ser protagonista. É mais cômodo reclamar do que resolver.

Mas algo dentro de mim sabia que elas estavam certas. Que eu não podia continuar assim. Que meu pai não teria orgulho de me ver daquele jeito. Que meu avô ficaria decepcionado.

Resolvi entrar em ação. Não por obrigação, mas por necessidade interna. Como se o guerreiro finalmente tivesse chutado a porta. "Chega de teatro", ele disse. "Você é filho do Cézar. Neto do Raggi. Eles não criaram um covarde."

Naquele momento, eu não sabia, mas estava finalmente tirando a máscara. O jovem perdido nunca existiu de verdade – era só o guerreiro se escondendo da própria força. A conversa no sofá não foi um ultimato – foi um espelho.

ÀS VEZES PRECISAMOS QUE ALGUÉM NOS AME O SUFICIENTE PARA NOS TIRAR DO BURACO.

Minha mãe e minha irmã fizeram isso por mim. Elas poderiam ter desistido. Poderiam ter aceitado que eu era mais um caso perdido. Mas não. Elas lutaram por mim quando eu não tinha forças para lutar por mim mesmo.

E foi assim que, determinado a não ser mais um peso para nossa família, saí em busca do meu primeiro emprego. A mudança não foi da noite para o dia. Levou semanas até o guerreiro ganhar força suficiente para rasgar a máscara completamente. Mais semanas até encontrar o primeiro campo de batalha.

Mas quando encontrei, agarrei com as duas mãos.

O rebelde era só uma máscara. Por baixo, o guerreiro esperava sua hora. Forjado pela dor, temperado pela perda, pronto para emergir. Eu só precisava parar de fugir de mim mesmo.

CAPÍTULO 3

O DESPERTAR DO CAMPEÃO

Meu primeiro emprego foi em uma imobiliária na cidade de Rio Claro. Eu era um faz-tudo. Serviços gerais. Ia para rua fazer trabalhos de banco, cartório, passava nas casas e pegava telefone das placas para captação de novos imóveis.

Ganhava R$ 300 por mês.

Para alguns, pode parecer pouco. Para mim, foi tudo. Porque a importância daquele salário não era o valor – era o que ele representava. Era o começo. Era movimento. Era o guerreiro sem máscara, finalmente em ação. Provando para si mesmo que a fase rebelde tinha acabado de vez. Cada real ganho era um tijolo na construção do homem que eu sabia que podia ser.

Ali começou a acender uma chama. Algo dentro de mim despertava a cada passo dado. Como se eu estivesse me reconectando com uma parte minha que ficou adormecida por anos. O guerreiro estava voltando à sua origem. Cada dia era uma prova de que eu podia mais. Cada tarefa cumprida era gasolina nessa chama que crescia.

Eu estava prestes a completar 18 anos. E queria muito tirar minha CNH. A carteira custava, salvo engano, entre R$ 500 e R$ 600. Eu ganhava R$ 300 por mês. As contas eram simples: dois meses de trabalho, dois meses de foco total.

Guardei os dois primeiros salários inteiros. Não foi fácil, mas era necessário. Tinha um objetivo claro, e nada ia me desviar dele. Era minha primeira missão real depois de estar perdido por anos.

Dei entrada na CNH no próprio dia em que completei 18 anos. No mesmo dia do meu aniversário. E ali tive um grande gosto da vitória pelo esforço. Aquela "pequena" vitória, que na verdade foi uma grande vitória, foi como se algo tivesse me picado, e o veneno tivesse percorrido pelas minhas veias em alta velocidade.

Gostei do sentimento de poder realizar algo por mérito e esforço próprio. Não foi dado. Não foi emprestado. Foi conquistado. E isso mudou tudo.

Por isso hoje digo para minha esposa: vamos educar nosso filho desde o começo a conquistar suas coisas com o seu próprio esforço. Pequenos esforços, pequenos gestos, pequenas vitórias, para que ele desde cedo possa começar a sentir o quanto o esforço é reconhecido, o quão importante é valorizar cada progressão.

Logo em seguida, o veneno do campeão começou a correr mais forte. Meu sentimento foi: eu não posso ganhar apenas R$ 300. Afinal, comecei a pensar: se eu me esforçar mais, posso ganhar mais – certo?

Isso fez com que meu emprego na imobiliária durasse apenas mais um mês. Ou seja, fiquei apenas três meses.

Eu entendia que precisava buscar mais. E uma reflexão aqui: eu me direcionei ao proprietário da imobiliária pedindo mais espaço e querendo ganhar mais. Sabe o que ele fez? Ele me desmereceu. Sim, ele me desmereceu!

Ele achou que eu não tinha capacidade de ir além. Que meu lugar era ali mesmo, fazendo serviços gerais. Que eu deveria me contentar com o que tinha. Mal sabia ele que estava jogando gasolina no fogo.

Bom, ainda bem. Porque aquilo me gerou um sentimento diferente. Uma raiva controlada. Um fogo que eu não conhecia ainda.

Veja, ali eu não sabia exatamente, mas hoje olho para trás e vejo algo que vou trazer para vocês: nunca deixe alguém limitar sua ambição e seu desejo de crescimento.

O CAMPEÃO NÃO É INFLUENCIÁVEL. O CAMPEÃO TEM SEDE DE CRESCIMENTO.

Você vai entender muito sobre essa fala um pouco mais para a frente.

Às vezes não entendemos momentaneamente, mas Deus sempre tem os planos para nós, e muitas vezes as rejeições são oportunidades disfarçadas para você acender a chama do futuro.

Bem, ali começou a nascer um Cézar diferente. Não o rebelde que se escondia. Mas o guerreiro que finalmente entendia sua natureza.

Ele me desmereceu? Bem, meu sangue ferveu, e resolvi ir embora. Simples assim. Sem drama. Sem confronto. Apenas a certeza de que eu valia mais.

Meu cunhado, Floris Andriolli, que, diga-se de passagem, também é uma pessoa que foi fundamental no meu crescimento e na minha evolução, me conseguiu uma nova oportunidade.

Aproveito a citação e digo: obrigado, Ju (eu o chamo assim). Você é muito importante na minha vida. Eu te amo!

Bem, vamos à oportunidade que ele me trouxe: trabalhar em uma distribuidora de peças para barcos, em Rio Claro mesmo.

Fui contratado em período integral. E passei a ganhar R$ 650 por mês. Uau! Era mais de duas vezes o que eu ganhava. Meus olhos brilharam. Não pelo dinheiro em si, mas pelo que ele representava: progressão.

Eu era assistente de vendas. Mas em poucos meses, aquilo já começou a me incomodar. Já achava que era pouco. Aquela rotina chata, de chegar, sentar em uma cadeira, enviar orçamentos, organizar pedidos para fornecedores, começou a me incomodar. E muito!

Eu começava a olhar todos os dias para aquela mesa e falava: "Cara, isso é muito limitante". Eu ainda era muito imaturo, mas hoje tudo faz sentido. Hoje consigo entender e refletir sobre esses sentimentos. Aquilo era reflexo do "veneno do campeão" que começou a percorrer as minhas veias quando saí da imobiliária.

Por "sorte" do destino ou não, essa distribuidora se mudou para o litoral. Acredito que seis meses depois, ou algo próximo disso, da minha entrada.

Fui mandado embora. E essa foi uma das melhores coisas que aconteceram. Porque foi nesse momento que algo muito especial ocorreu: abriu a oportunidade para conhecer meu grande mentor da vida até hoje.

João K. Tamaru.

Mas antes de contar sobre ele, deixa eu parar aqui e fazer uma reflexão: percebem o padrão? Cada "não" estava me preparando. Cada porta fechada estava me direcionando. Cada desmerecimento estava forjando minha determinação.

O guerreiro estava aprendendo a transformar rejeição em combustível. E isso, meu amigo, é uma das habilidades mais valiosas que você pode desenvolver.

Porque a vida vai te dizer "não" muitas vezes. A questão é: você vai usar isso como desculpa ou como gasolina?

EU ESCOLHI GASOLINA. E ESTAVA PRESTES A ENCONTRAR ALGUÉM QUE ME ENSINARIA A REFINAR ESSE COMBUSTÍVEL.

CAPÍTULO 4

CAÇADOR DE OPORTUNIDADES

João K. Tamaru e sua família. Eles são proprietários de uma distribuidora e também fábrica de ferramentas para usinagem na cidade de Rio Claro.

O Danilo, filho do João, é casado com a Manu. Que é irmã do meu cunhado.

Certo dia o João me liga me dizendo para ir até a casa dele.

Fui correndo. Literalmente correndo. Algo dentro de mim sabia que aquilo era importante.

Ao chegar, ele foi bem direto ao ponto: "Cézar, tem algumas pessoas saindo de férias na Tamaru, você quer ir lá ajudar? Não prometo nada. Mas você vai lá ajudar durante esse período".

Eu disse SIM, lógico.

Nem perguntei o que ia fazer. Nem perguntei quanto ia ganhar. Nem perguntei por quanto tempo. A única coisa que perguntei foi: "Quando começo?".

AQUI ESTÁ UMA LIÇÃO QUE CARREGO ATÉ HOJE: quando a oportunidade bate, você não negocia – você entra. Os detalhes a gente resolve depois.

Dias depois, lá estava eu, começando a trabalhar na Tamaru. Não sabia o que iria fazer, não sabia quanto ia ganhar. Mas sabia que já era outra pessoa. Proativa, com vontade de crescer e fazer acontecer. E sabia que, independentemente do que iria fazer, eu iria dominar.

Cheguei lá, o João me colocou no estoque. Ajudar a organizar o estoque de peças e ferramentas.

Comecei rapidamente a organizar tudo. Mas não só organizar – entender. Curioso que sou, e com o sangue que já fervia diferente, comecei a perguntar sobre tudo. "O que é isso?", "Para que serve?", "Quem compra?", "Por quê?"

Até que, logo após algumas semanas, o João me pergunta: "Você sabe mexer em computador?".

Eu disse: "Sim". Mesmo que não soubesse direito, né?

REGRA NÚMERO UM DO GUERREIRO: PRIMEIRO DIZ SIM, DEPOIS APRENDE.

Então ele devolve: "Suba para a área de vendas e ajude o pessoal a fazer alguns orçamentos para os clientes".

Subi e comecei a ter acesso ao sistema. Com o auxílio das pessoas, comecei a entender como fazer orçamentos para os clientes.

Era basicamente ler o e-mail dos vendedores que solicitavam os orçamentos, colocar em sistema e dispará-lo aos clientes para formalizar as condições.

Mas novamente comecei a olhar aquilo e pensei: "Isso é muito parado e muito passivo". Depende de alguém para eu ter movimento. Lembra que comecei a sentir isso no emprego anterior? Pois bem, eu via muitos catálogos de produtos dos fornecedores. Muitos! Então, resolvi começar a levá-los para casa.

Certo dia o João me viu levando material para casa e questionou, em um tom até de dúvida: "Por que você está levando material da empresa para casa?".

Eu respondi: "Eu estou levando para estudar, João. Quero entender tudo o que vendemos aqui".

O olhar dele mudou. Foi rápido, mas eu vi. Era como se ele tivesse reconhecido algo em mim. Algo que talvez ele mesmo tivesse quando mais jovem.

E comecei a devorar aqueles catálogos. Toda noite. Todo final de semana. Comecei a fazer perguntas cada vez mais específicas. Comecei de fato a me interessar não apenas em processar pedidos, mas em entender o negócio.

Bem, encurtando aqui a história, um mês se passou, e um valor caiu na minha conta. Eram R$ 850 na época. Lembram que eu nem sabia o quanto iria ganhar? Quando vi R$ 850 – para alguém que estava ganhando R$ 650 –, liguei correndo para minha irmã para contar: "Ma, você não sabe, estou ganhando quase R$ 1.000 por mês!". Hahahahaha.

Fiquei extremamente feliz, e NOVAMENTE veio aquele sentimento: o esforço vale a pena. A recompensa chega. E eu continuava a alimentar minha sede de crescimento.

Mas aqui está o ponto crucial: na minha cabeça não veio que "eu ganhei R$ 850 por um mês trabalhado". Na minha cabeça veio: "Não foi falado o quanto eu iria ganhar. Mas como nesse um mês eu fui muito proativo, levei catálogo para estudar, me mostrei curioso e interessado, a empresa resolveu me valorizar e pagar isso".

Veja, prestem bem atenção nisso: eu não sei se os R$ 850 já eram previstos desde a minha entrada ou não. De fato eu não sei. Provavelmente já eram. Mas vejam, quando sua mentalidade está voltada apenas a entregar o seu melhor, faz com que a ignorância muitas vezes seja importante.

Porque esse simples fato me fez valorizar ainda mais a minha curiosidade, a minha proatividade. O meu esforço. A minha inquietude.

E isto é algo que valorizo até hoje: o sentimento de aspirante. Eu não me preocupo com o final. Eu me preocupo com o começo. Em outras palavras, isso significa: faça o que tem que ser feito de uma forma que a maioria não faz. Você será recompensado de forma diferente por isso.

NÃO SEJA PREPOTENTE EM LIMITAR A SUA VISÃO DO FUTURO.

SEJA OUSADO EM POTENCIALIZAR A SUA AÇÃO NO PRESENTE.

E certamente o seu futuro será muito maior do que qualquer visão que você tenha agora.

Aí pensei: "Vou fazer o dobro então esse mês". Bom, não veio o dobro de salário no mês seguinte. Rsrsrs. Mas ali eu entendia que precisava continuar me entregando muito para continuar ganhando espaço.

Mais uma vez, o veneno do CAMPEÃO começava a correr mais forte pelas veias. Você vai entender bem sobre o que estou falando. Eu não sabia exatamente sobre esse tal veneno naquela época. Mas hoje, fazendo essa reflexão, todas as peças do quebra-cabeça se encaixaram, como ainda se encaixam.

Após um tempo, João Tamaru traz um grande anúncio para a empresa: a companhia iria começar a trabalhar com uma nova linha de produto, com a qual ainda não tinham expertise. Uma linha de instrumentos de medição. Instrumentos esses feitos para aferir com precisão a fabricação de peças e afins.

O que aconteceu? Houve uma grande resistência por parte dos vendedores. Por quê? Porque era novidade. Toda novidade no começo incomoda, porque é desconfortável. Você já está tão acostumado a trabalhar com algo que inserir um novo produto é desconfortante. Afinal, você não domina aquilo.

Mas é nesses momentos que pessoas com mentalidade de crescimento obtêm vantagem. Porque nós, os CAMPEÕES – que, repito, vou falar muito neste livro –, não pensamos, apenas AGIMOS. E ali eu já estava começando a formar a minha mentalidade de CAMPEÃO. Afinal, o veneno corria cada vez mais forte pelas minhas veias.

A GENTE NÃO PENSA, A GENTE APENAS AGE.

Eu adorei que as pessoas tinham criado resistência. Pois logo pensei: "Vou criar uma oportunidade". E repeti novamente: "Vou criar uma oportunidade".

EM MEIO AO CAOS, ENXERGUE CAMINHOS AINDA NÃO ÓBVIOS.

E foi exatamente isso que fiz. Onde todos viram problema, eu vi espaço vazio. E todo espaço vazio é território de campeão.

E comecei a estudar TUDO sobre aquela linha de produtos. Aqueles catálogos das ferramentas que eu levava? Esquece. Comecei a levar para casa todos os dias os catálogos dessa nova linha de produtos.

Logo, comecei a mostrar com AÇÃO ao João que estava começando a entender o produto.

Comecei a mostrar o que tinha aprendido, e pedi a ele se podia fazer algumas demonstrações de produtos aos clientes. Fui ousado.

Junto a isso, pedi também para cuidar da manutenção desses produtos e ser a fonte de contato direto ao fornecedor. Isso significava que eu passaria a negociar diretamente com eles, sem intermediários.

Estão percebendo? Eu fui criando a oportunidade. Fui pavimentando um caminho não óbvio. Ou, ao menos, acelerei tudo isso.

Logo, ele me colocou em contato com o fornecedor. E sabe o que eu fiz? Liguei no mesmo dia pedindo treinamento completo. Comecei a sugar conhecimento como se minha vida dependesse disso. Ligava toda semana. Fazia perguntas que nem os vendedores faziam. E o melhor: me apresentava como o futuro responsável pela linha inteira.

O João não fazia ideia de que eu estava dizendo isso. Hahahahaha.

MAS OLHA A JOGADA: quando você age como se já fosse, você acelera o processo de se tornar. Não era mentira – era profecia. Eu estava criando meu próprio destino. Afinal, oportunidades não caem do céu. Você as constrói tijolo por tijolo.

Eu não sabia que iria assumir nada. Mas precisava ter resultados para que isso fosse possível. Eu só queria ganhar mais visibilidade e mais espaço. Mais pista. Mais velocidade. Mais tudo.

Bem, vocês já podem imaginar o que aconteceu: acabei assumindo tudo. A profecia se cumpriu. Tornei-me coordenador de vendas, viajando quatro a cinco mil quilômetros por mês pelo interior de São Paulo.

Mas não eram só números. Cada quilômetro rodado era prova de que o moleque que "devia ficar no seu lugar" estava criando o próprio caminho. Cada cliente visitado, cada venda fechada, cada treinamento dado – tudo alimentava algo maior.

Aumento salarial? Veio. Visibilidade na empresa? Conquistei. Mas o mais importante: descobri que quando você cria oportunidade onde outros veem problema, o céu é o começo, não o limite. E isso transformou minha FOME de crescimento em obsessão pura.

Essa é uma parte da minha trajetória profissional da qual tirei um mantra que carrego até hoje:

OPORTUNIDADE NÃO SE PEDE, SE CRIA.

Esteja atento, observe. Afinal, o campeão entende que todo espaço vago é uma grande oportunidade. O campeão não fica pensando sobre aquilo pelo que está sendo pago, ele apenas é sedento por encontrar espaços vazios e criar suas oportunidades.

Comecei a incomodar alguns vendedores e algumas pessoas. Hum, mas ali, meu amigo, também foi uma parte importante para minha mentalidade de hoje: quanto mais alguém se mostrava incomodado, mais forte eu ficava. Você irá entender isso ao longo do livro. Mas guarde esta frase:

JAMAIS SANGRE EM UM TANQUE DE TUBARÕES. SEJA O TUBARÃO!

Mas esse momento da minha vida, que estou contando de forma bem resumida, também me trouxe outro grande aprendizado e mantra que carrego: PESSOAS DEPENDEM DE PESSOAS.

Por quê? Vou te dizer o porquê. Porque depois de quatro anos trabalhando com o João, ardia dentro de mim a sensação de que eu precisava buscar novos desafios. Que precisava crescer ainda mais. O veneno do campeão se intensificava ainda mais pelas minhas veias.

E João não foi apenas um chefe. Foi uma figura paterna quando eu mais precisava. Me ensinou sobre valores, princípios, sobre a vida. Através de conversas, direcionamentos. Ele foi duro quando precisava ser. Exigente sempre. Mas cuidadoso.

Ele viu em mim algo que talvez nem eu mesmo via ainda. E me deu espaço para descobrir.

Por isso, quando chegou a hora de partir, foi uma das conversas mais difíceis da minha vida. Mas essa é história para o próximo capítulo.

O que importa aqui é: João Tamaru me ensinou que oportunidade se cria. E que quando você transforma resistência em combustível, quando vê espaço onde outros veem problema, quando age enquanto outros pensam – você se torna imparável.

O veneno do campeão já corria forte. E estava prestes a me levar para São Paulo.

CAPÍTULO 5

PESSOAS DEPENDEM DE PESSOAS

Durante quatro anos trabalhando com o João, construí uma carreira sólida. Aprendi sobre liderança, sobre processos, sobre pessoas. Viajava pelo interior de São Paulo cerca de quatro a cinco mil quilômetros por mês, visitando clientes com os vendedores. Era respeitado, tinha meu espaço consolidado, coordenava toda uma linha de produtos.

Para muitos, era o cenário perfeito.

Para mim, era o início da morte lenta.

Porque algo ardia dentro de mim. Aquele veneno do campeão que começou a correr quando saí da imobiliária agora pulsava mais forte, exigindo território maior. Eu olhava para minha rotina – previsível, confortável, segura – e sentia náusea.

Sabe qual é a primeira lição sobre crescimento?

QUANDO VOCÊ DOMINA COMPLETAMENTE UM AMBIENTE, ELE DEIXA DE TE ALIMENTAR E COMEÇA A TE CONSUMIR.

O conforto é o cemitério dos campeões.

O SONHO QUE VIRA OBSESSÃO

Ao longo dessas etapas da minha vida, eu já começava a imaginar que queria ir para a grande capital um dia e me tornar um grande EXECUTIVO. EU DESEJAVA ISSO. Já me via até usando terno e gravata. Pode parecer besteira, mas era sonho de adolescente.

Até me lembro do momento exato em que isso se materializou. Em uma feira da qual a Tamaru estava participando, em São Paulo, fui e aluguei um terno e gravata para ir.

Fui motivo de chacota por alguns colegas da empresa que também foram. "Olha o Cézar fantasiado", diziam rindo.

Bem, também não dei a mínima para eles. Na verdade, dei sim. **Cada risada era gasolina. Cada chacota, uma promessa silenciosa: "Vocês vão me ver aonde nunca chegarão".**

Aqui está algo que aprendi cedo: quando pessoas medianas riem dos seus sonhos, você está no caminho certo. A chacota dos fracos é a validação dos fortes.

E me responda: você já viu alguém de sucesso real, alguém que construiu algo significativo, perdendo tempo fazendo chacota dos sonhos alheios? Já viu um campeão rindo do garoto que alugou terno para sonhar mais alto? Não. Sabe por quê? **Porque quem está ocupado voando não tem tempo de rir de quem está aprendendo a abrir as asas.**

A SENTENÇA QUE VIROU COMBUSTÃO

Lembro perfeitamente daquela roda de amigos. Eu compartilhando minha inquietude, meus planos, minha fome de algo maior. E então veio a sentença, dita com aquela arrogância disfarçada de sabedoria:

"Isso é prepotência e arrogância. Você precisa ter paciência para as coisas acontecerem."

A pessoa – que me lembro bem, mas não vou expor o nome – achava que estava me dando um conselho sábio. O que ela fez foi me dar combustível para uma década.

Bem, sinto muito! Eu não queria ter paciência, eu queria ter é SEDE de crescimento.

Mas sabe o que mais me marcou? Agradeço a fala dela até hoje. Sério. Porque naquele momento, ela me ensinou algo valioso: **quando alguém chama sua ambição de arrogância, é porque a mediocridade dele se sente ameaçada pela sua grandeza.**

Ah, e aquela pessoa? Hoje, doze anos depois, está exatamente no mesmo lugar.

Você já entendeu o que estou falando.

O CONVITE QUE TESTOU MINHA CORAGEM

Foi aí que me apareceu a oportunidade de ir para São Paulo, atuar como corretor de imóveis. Vejam, essa é uma história que pode parecer simples, mas não é. Aliás, bem longe de ser simples.

Quando apareceu o convite, minha resposta inicial foi NÃO.

Por quê? Medo disfarçado de prudência. O meu desejo naquele momento era um cargo CLT, no qual eu pudesse ter uma "estabilidade" inicial. Afinal, eu não tinha condições de me manter em São Paulo. Não tinha condição financeira, não conhecia ninguém.

Percebem a contradição? O mesmo cara que queria ser executivo estava pedindo permissão para sonhar. Querendo garantias para arriscar. Buscando segurança para crescer.

Quando me veio o convite, devolvi dizendo que o meu "não" poderia se tornar um "sim", e pedi uma oportunidade no administrativo da empresa. Porque assim eu entendia que teria um salário, conseguiria me manter em São Paulo, voltar aos meus estudos na faculdade e buscar fazer a carreira que eu tanto esperava.

Tradução: eu queria o sonho, mas sem o risco. Queria a vitória, mas sem a batalha.

Bom, a resposta foi "não". Falaram que para essa vaga não existia possibilidade.

Aquilo me frustrou, confesso. Mais um "não" na coleção. Mas ainda bem, porque **cada "não" que você recebe te força a encontrar um "sim" que você nem sabia que existia.**

O MOMENTO DA VERDADE

Passaram-se aproximadamente uns dois a três meses, e o gerente daquela construtora continuava me "namorando". A vida tem dessas ironias – quando você para de perseguir, as oportunidades começam a te perseguir.

Era um domingo à noite. Eu estava jantando em um restaurante japonês na minha cidade, Rio Claro. O telefone toca:

"Cézar, estou fechando meu time online. E quero te dar essa oportunidade. Mas preciso saber se você vem ou não."

Quando eu ouvi "time online", meu estômago gelou. Logo perguntei: "O time online tem alguma remuneração?".

A resposta veio como um soco: "Você ainda não entendeu. Essa profissão não tem remuneração. Mas tem muitas possibilidades. Preciso da sua resposta até amanhã, ok?".

Vinte e quatro horas para decidir meu futuro. Sem salário garantido. Sem rede de segurança. Apenas possibilidades.

Ali eu sabia que precisava sair de cima do muro. E foi nesse momento que a maior lição se cristalizou:

ESTABILIDADE NÃO EXISTE.

Essa palavra não faz parte do vocabulário dos campeões. Os campeões não buscam por estabilidade, eles buscam pelo risco calculado. Eles buscam pelo ALL-IN. Eles sabem que, se querem ser CAMPEÕES e conquistar grandes coisas, precisam jogar um jogo diferente.

A CONVERSA COM DEUS

Era uma segunda-feira, e eu havia decidido pedir uma direção maior.

Decidi ir à igreja, em Rio Claro. Uma igreja chamada Santa Cruz, no meio de uma praça. Parei o carro, e, antes de entrar, meu coração disparou. Eu sabia que ali, naquele momento, buscaria uma resposta que mudaria minha vida para sempre.

E aqui vai uma confissão: não fui pedir orientação. Fui pedir confirmação.

"Deus, quero que me diga o que fazer. Quero que me diga se eu tenho que ir para São Paulo." Risos. "Mas respeitarei a sua decisão, caso seja o contrário."

Quando entrei na igreja, em poucos segundos, uma energia percorreu meu corpo inteiro. Me arrepiei dos pés à cabeça. A resposta veio clara como um raio:

"Vá, garoto! Vá buscar o que é seu."

Não foi uma voz. Foi uma certeza. Daquelas que você sente no estômago, no peito, na alma.

QUANDO O UNIVERSO CONSPIRA, ELE NÃO SUSSURRA - ELE GRITA.

O PASSO DE FÉ

Ali, com a certeza queimando em meu coração como fogo, eu soube que sairia da Tamaru. Foi naquele momento que a decisão se cristalizou. Não era mais uma possibilidade – era um fato consumado.

Liguei para minha irmã e minha mãe, comunicando a decisão. Minha voz tremia, mas não de medo – de determinação.

Peguei o telefone e liguei para o gerente daquela construtora: "Eu vou". Duas palavras que mudaram tudo.

"Agora", completei, "tenho uma gratidão enorme pela pessoa para quem trabalho hoje. Falarei com ele."

E aqui começou o teste real de coragem.

A SEMANA MAIS LONGA DA MINHA VIDA

Na própria segunda-feira, decidi que iria falar com o João. O plano era perfeito: eu era sempre o último a sair, junto com ele. Falaria no final do expediente.

Passei o dia todo ensaiando. Olhava para ele – sério, concentrado, confiando em mim – e meu peito apertava. **Como você diz para seu mentor que vai voar do ninho?**

Chegou o final do expediente. Meu momento. E então...

Eu travei. Completamente. As palavras simplesmente não saíam.

"Amanhã eu falo", prometi a mim mesmo.

Terça: travei de novo. Quarta: a garganta fechou. Quinta: suor frio, coração acelerado, mudez total.

A cada dia que passava, a pressão aumentava. Eu tinha dado minha palavra ao gerente. Tinha comunicado minha família. Mas não conseguia dar o passo mais importante.

O MOMENTO DA QUEBRA

Sexta-feira. Do lado de fora da empresa, com a voz embargada, liguei para minha irmã:

"Ma, vou desistir. Deus me disse que era para eu ir, mas não estou conseguindo falar com o João. Deve ser outro sinal."

Percebem a loucura? Eu estava interpretando minha covardia como sinal divino. Transformando medo em mensagem espiritual.

Minha irmã, com aquela sabedoria que só irmãs mais velhas têm, me devolveu a verdade:

"Cé, Deus só fala uma vez. Sente o seu coração. É normal que você esteja aflito em falar com o João."

E então ela disse as palavras mágicas: "Dê o primeiro passo. Diga que quer falar com ele. E Deus cuidará do resto. O famoso passo de fé".

LIÇÃO EXTRAÍDA: DEUS ABRE PORTAS, MAS VOCÊ PRECISA TER CORAGEM DE ATRAVESSÁ-LAS.

A FIGURA DO MENTOR

Por que era tão difícil falar com o João? Deixe-me explicar quem ele representava.

O João havia sido meu grande mentor. Ele me ensinou muito. Foi duro quando precisava ser, exigente sempre. Mas foi uma figura masculina fundamental na minha vida. Digo até que foi uma figura paterna – **a terceira que a vida me deu depois de levar meu pai e meu avô**.

Ele me ensinou sobre valores, princípios, sobre a vida. Através de conversas, direcionamentos, exemplo diário. Ele realmente queria o meu bem.

E é por isso que doía tanto. **Quando você tem que deixar alguém que te fez crescer, parte de você sente que está traindo. Mas mentores verdadeiros não criam dependentes – criam águias.**

O MOMENTO DA VERDADE

Desliguei o telefone, voltei, sentei na minha cadeira. Respirei fundo. E então fiz o que campeões fazem: parei de pensar e agi.

Fui direto na sala do João: "João, preciso falar com você e o Danilo".

"Hoje?", ele perguntou, surpreso.

"Sim, agora, se possível."

Meu coração batia tão forte que eu tinha certeza de que ele podia ouvir. Ele ligou para o Danilo. Subimos para uma salinha. Sentamos.

E então aconteceu algo que eu não esperava.

Eu abri a boca para falar e... apenas chorei. As palavras não vinham. Só lágrimas. Lágrimas de gratidão, de medo, de coragem, tudo misturado.

AS PALAVRAS QUE MUDARAM TUDO

O João me olhou. Calmo. Sereno. E então disse as palavras que carrego até hoje:

"Eu já sei o que você quer falar. Mas antes eu quero te falar algo: eu SEMPRE soube que você iria voar. Não sabia que seria tão cedo. Mas você nasceu para voar. Voe. Vá! E eu vou torcer por você e fazer o que for possível para te ajudar."

Cara, me arrepio todas as vezes que conto essa história.

Aquelas palavras carregavam o peso de uma vida inteira. Não era apenas apoio – era validação. Era alguém que eu admirava profundamente me dizendo que aquela fome incontrolável que eu sentia não era loucura, mas natureza.

Eu estava com muito medo de ele tentar me segurar. E muito provavelmente, se ele tivesse tentado, teria conseguido. Porque eu tinha MUITA gratidão por ele.

Mas ele fez o oposto. Me empurrou para o voo. E naquele momento, a lição se cristalizou para sempre:

PESSOAS DEPENDEM DE PESSOAS.

Mas não de qualquer pessoa. Das pessoas CERTAS. Aquelas que te impulsionam quando poderiam te segurar. Que celebram sua partida quando poderiam lamentar sua ausência. Que enxergam seu potencial quando você mesmo duvida.

A MENTALIDADE DO CAMPEÃO REVELADA

Você pode ter o maior talento do mundo, mas JAMAIS conseguirá chegar longe na vida se não tiver pessoas do seu lado. A vida é assim. Nunca seremos NADA sozinhos.

Mas aqui está o segredo que poucos entendem: **não se trata de quantidade, trata-se de qualidade. Um mentor que acredita em você vale mais que mil pessoas que apenas concordam com você.**

E isso me ajudou a lapidar minha MENTE DE CAMPEÃO. Porque o campeão entende que precisa estar junto aos melhores. Junto aos CAMPEÕES.

Leão anda com leão. Galinha anda com galinha. Tubarões nadam com tubarões.

O AMBIENTE SEMPRE VENCE. ESCOLHA SEU BANDO COM A VIDA EM JOGO.

O ÚLTIMO ATO DE GRANDEZA

As semanas seguintes foram intensas. Preparei minha saída da Tamaru, organizei a transição dos meus projetos, me despedi de cada cliente, de cada fornecedor.

E então João fez algo que só mentores de verdade fazem: me mandou embora oficialmente, para que eu pudesse receber o seguro-desemprego.

Cinco meses. R$ 1.180 mensais. Minha rede de segurança para começar em São Paulo.

Percebem? Ele não apenas me liberou para voar – me deu combustível para a decolagem. **Isso é o que pessoas extraordinárias fazem: transformam despedidas em impulsos.**

A PREPARAÇÃO PARA O SALTO

Comprei meus primeiros dois ternos – aquele sonho de adolescente começando a se materializar. Separei minhas poucas roupas, me despedi da família.

Não fazia ideia do que me esperava. Só sabia que estava pronto para descobrir.

E aqui está a última lição deste capítulo: **você nunca está realmente pronto para o próximo nível. Você apenas se torna corajoso o suficiente para dar o salto.**

São Paulo me esperava. E eu estava faminto.

“

PESSOAS DEPENDEM DE PESSOAS. MAS SÓ VOA ALTO QUEM ESCOLHE ÁGUIAS COMO MENTORES E TEM CORAGEM DE DEIXAR O NINHO QUANDO CHEGA A HORA.

”

CAPÍTULO 6

O PORTAL

Domingo, final de tarde. Minha irmã e meu cunhado me levam para São Paulo. Quando entramos na cidade, passamos pela Faria Lima, uma das principais avenidas que respiram negócios no mundo todo. Eu olho aqueles prédios como se fosse uma criança diante do maior playground do mundo. Cada janela iluminada, cada reflexo no vidro espelhado me fazia arrepiar.

A energia pulsava diferente ali. Era como se a própria cidade tivesse uma frequência, um batimento cardíaco acelerado que combinava perfeitamente com o meu.

"Eu vou vencer nesta cidade", digo em voz alta, as palavras saindo com uma convicção que já queimava dentro de mim havia tempos. Mas ali, naquele momento, diante daquela imensidão de concreto e oportunidades, essa certeza foi incendiada. "Vou realizar todos os meus sonhos aqui." Meus olhos brilham. Não é esperança – é fogo puro correndo nas veias.

Quando chegamos ao lugar onde vou morar, minha irmã e meu cunhado desabam no choro. É um quartinho no fundo de uma lavanderia – dois metros por dois, no máximo. Mas tem algo que eles não conseguem ver através da minha ótica, através dos meus sentimentos: uma janela gigante que dá direto para a rua.

E dessa janela vem a alma de São Paulo.

Barulhos de ônibus, trânsito intenso, buzinas, vozes ecoando. Uma frequência máxima. Olhava pela janela e via prédios comerciais com suas luzes sem apagar. Não havia fim. Parecia não existir dia e noite. Apenas um dia único, ininterrupto. Uma cidade que nunca dormia, que nunca parava, que nunca se contentava.

Aquele barulho potencializava minha frequência. Era como se São Paulo estivesse me dando as boas-vindas na sua linguagem – intensa, direta, sem pausa.

Eles choram porque veem limitação. Eu sorrio porque vejo liberdade.

Minha irmã pega seu celular e me chama: "Vem cá, vamos tirar uma foto". Ficamos ali, nós três, com aquela janela gigante de fundo. A primeira foto em São Paulo. Ela não sabia, mas estava registrando o momento exato em que minha vida mudou para sempre. Anos depois, eu olharia para essa foto e lembraria: "Foi ali que tudo começou".

Minha irmã quer me ajudar, insiste que eu more em um lugar melhor, que aceite apoio financeiro. Mas eu nego, firme e sereno. "Não, Ma. É isso que posso pagar. É isso que é meu."

Porque aqui está algo fundamental que aprendi:

TODA CONQUISTA DEVE SER COMEMORADA, MAS APENAS AS CONQUISTAS PRÓPRIAS TÊM O SABOR VERDADEIRO DA VITÓRIA.

Se alguém paga por você, a conquista não é sua – é emprestada. E conquistas emprestadas não constroem campeões.

Aquele espaço minúsculo, com sua arara de roupas sustentando meus dois ternos recém-comprados, com o colchão que ocupava praticamente todo o chão, com a janela que trazia o pulsar da metrópole – aquilo era **meu**. Comprado com meu suor, conquistado com minha coragem, mantido com minha disciplina.

É isto que as pessoas não entendem sobre a felicidade verdadeira: ela não vem do tamanho do espaço, mas da proporção entre o que você conquistou e o que você investiu para conquistar.

Naquela primeira noite, deitado no meu colchão, ouvindo São Paulo respirar do lado de fora da minha janela gigante, senti uma felicidade pura, completa, indomável. Não era a felicidade de quem chegou ao destino – era a felicidade de quem finalmente estava no caminho certo.

Ali, naquela caixa de dois por dois metros, eu era livre. Livre para errar, livre para acertar, livre para construir meu próprio destino tijolo por tijolo. E essa liberdade – conquistada, suada, merecida – tinha um gosto que nenhum apartamento de graça poderia ter.

São Paulo continuava pulsando lá fora, ininterrupta. E eu sorria, porque sabia que, muito em breve, faria parte dessa sinfonia.

CAPÍTULO 7

O JOGO DA SELVA

Segunda-feira, sete da manhã. Eu já estava na porta da MaxHaus havia trinta minutos.

A casa antiga na avenida Antônio Joaquim de Moura Andrade ainda estava fechada. Próximo ao Parque Ibirapuera, o lugar carregava história nas suas paredes. Carpetes antigos exalavam aquele cheiro característico de tempo e ambição acumulada. Era o tipo de ambiente que já havia testemunhado muitos sonhos – realizados e destruídos.

Primeiro a chegar. Check.

RASTREANDO O ALFA

Entrei naquele escritório com uma missão clara. Assim que encontrei meu gerente, Bento, e antes mesmo de ele me passar as orientações básicas, fui direto ao ponto:

"Quem é o campeão aqui?"

Ele parou o que estava fazendo. Me olhou como se eu tivesse falado em mandarim.

"Como assim, campeão?"

"O melhor vendedor. Quem mais vende. Quem eu devo observar."

Bento me levou até um corretor chamado Maciel.

"Maciel", perguntou Bento, "quanto você ganhou de janeiro até aqui?"

Era agosto de 2014. Maciel respondeu com a naturalidade de quem fala sobre o tempo:

"R$ 100 mil."

E saiu dizendo que precisava atender um cliente.

Naquele momento, meu mundo parou. Meu cérebro fez um cálculo rápido: aquilo era mais de R$ 12 mil por mês. Numa profissão sem salário fixo. Em oito meses.

"Como é possível?", perguntei, mais para mim mesmo que para o Bento.

E ali, naquele exato segundo, minha mente tomou uma decisão:

"Eu serei o próximo campeão. E vou ganhar R$ 100 mil."

Não era sonho. Era decisão. E existe um abismo entre as duas coisas.

COLANDO NO CAMPEÃO

A partir daquele momento, virei a sombra do Maciel.

Onde ele estava, eu estava. Como ele falava, eu anotava. Como ele se vestia, eu observava. Como ele abordava clientes, eu estudava.

Mas não era imitação cega. Era **engenharia reversa da excelência**.

Descobri que ele chegava às 8h30. Passei a chegar às 8h. Vi que ele almoçava em trinta minutos. Eu comia em quinze. Notei que ele saía às 19h. Eu ficava até as 21h.

Não era competição. Era preparação.

VOCÊ NÃO SUPERA UM CAMPEÃO FAZENDO O MESMO QUE ELE. VOCÊ SUPERA FAZENDO MAIS, MELHOR E MAIS RÁPIDO.

O VENENO DOS MEDIANOS

Logo descobri algo perturbador sobre aquele ambiente: a grande maioria dos corretores que trabalhavam ali eram grandes preguiçosos e anestesistas.

Sabe o que é um anestesista? São aquelas pessoas que querem te anestesiar, te deixar lento, te desanimar e te paralisar. Eles fazem isso porque sua velocidade ameaça a zona de conforto deles.

As frases vinham disfarçadas de experiência:

"Não se vende todo mês, rapaz." "Corretor novo demora pelo menos seis meses para fazer a primeira venda." "São Paulo é diferente do interior, aqui é mais difícil." "Maciel tem clientes antigos, por isso vende tanto." "Relaxa, no começo é assim mesmo."

PERCEBI UM PADRÃO: todos que diziam que era difícil eram os mesmos que não vendiam nada.

Era como se quisessem me contaminar com o vírus da mediocridade. Cada conselho negativo era uma tentativa de me puxar para o clube dos fracassados.

Mas eu tinha um antídoto correndo nas veias: o veneno do campeão. E ele era mais forte que qualquer anestesia.

A DESCOBERTA DO SISTEMA

Eu era corretor do time "online" – responsável por atender clientes que entravam no site. Descobri que havia uma regra interessante:

Das 8h45 às 15h: sorteio automático entre corretores do primeiro turno. Das 15h às 21h: sorteio entre corretores do segundo turno. Das 21h às 8h45: território livre. Qualquer um poderia atender.

Quando descobri isso, meus olhos brilharam.

TODO ESPAÇO VAGO É UMA OPORTUNIDADE.

Percebi que às 21h, quando terminava o expediente oficial, todos iam embora. Alguns até ficavam online de casa, mas a maioria simplesmente desaparecia.

Fiz as contas: se eu saísse às 21h e fosse a pé para meu quartinho (economia de passagem), perderia quarenta minutos. Nesse tempo, alguém poderia chegar em casa e logar antes de mim.

A solução? Simples. Eu não saía.

Ficava no escritório até uma, duas da manhã. Toda noite. Sozinho naquela casa antiga, com meu notebook, esperando.

A madrugada é o filtro natural dos medíocres. Qualquer um aguenta o horário comercial. Só os obcecados transformam madrugada em vantagem competitiva.

A MADRUGADA QUE MUDOU TUDO

Era uma terça-feira. 00h01.

Eu estava sozinho no escritório havia três horas. Os olhos ardiam, o corpo pedia cama, mas a mente estava afiada como navalha.

O sistema apita. Lead novo.

Nome: Caio. Interesse: Cobertura. Horário de entrada: 00h01.

Meu coração acelera. Não pelo lead em si, mas pelo que ele representava: **a validação de que espaços vazios guardam tesouros.**

Atendi remotamente, marquei visita, mostrei o imóvel. Dias depois, ele veio ao escritório assinar o contrato. Era uma cobertura no MaxHaus Vila Olímpia, na avenida Dr. Cardoso de Melo.

Quando ele estava assinando, respirei fundo e fui transparente:

"Caio, preciso te dizer algo: esta é minha primeira venda."

Ele parou a caneta no ar. Me olhou surpreso.

"Primeira venda? Sério?"

"Primeira venda."

Ele sorriu e continuou assinando.

A PERGUNTA REVELADORA

Antes de ele ir embora, eu fiz a pergunta que revelou tudo:

"Por que você entrou no site àquela hora da madrugada?"

"Bem, eu não sabia que horas eram. Estava saindo do escritório – trabalho no mercado financeiro –, peguei o celular, um amigo tinha enviado o site de vocês, e cliquei."

Ele devolveu: "E você? Por que estava online naquele horário?"

Olhei nos olhos dele:

"Porque enquanto todos dormem, eu caço. Ninguém fica online nesse horário. Eu sempre fico. É quando as melhores oportunidades aparecem, porque ninguém está disputando elas."

Ele processou a informação. E então disse algo que nunca esqueci:

"Se você mantiver essa mentalidade, não vai demorar muito para eu estar lendo sobre você em alguma matéria."

Mal sabia ele que estava profetizando meu futuro.

A VIRADA DE CHAVE

Aquela primeira venda não foi sorte. Foi a materialização de uma estratégia.

Eu havia encontrado uma lacuna no sistema – o turno da madrugada – e transformei em vantagem competitiva. Mas mais que isso: provei para mim mesmo que oportunidades não caem do céu. Elas se escondem nos lugares onde ninguém quer procurar.

A comissão daquela venda? R$ 14.500.

Mas o dinheiro era apenas consequência. O verdadeiro prêmio foi a descoberta:

Existe uma diferença brutal entre dar um all-in e praticar seu all-in.

Apenas eu ficava online durante a madrugada.

A ARMADILHA DO DESFOCO

Agora vou contar algo que poucos sabem. Que me envergonha profundamente. Não pelo golpe em si. Mas pelo que ele revelou sobre mim.

Antes daquela madrugada mágica do Caio, eu quase joguei tudo fora.

Por quê?

Porque perdi o foco. Simples assim.

E QUANDO CAMPEÃO PERDE O FOCO, ELE VIRA PRESA.

Veja bem, eu tinha cinco meses de seguro-desemprego. Era meu prazo. Minha pista. Meu tempo para decolar ou cair.

A pressão era real. Cada dia que passava sem venda era um dia a menos. O relógio correndo. O prazo apertando.

Foi aí que apareceu.

A ILUSÃO DO ATALHO

Um corretor da empresa me chama no canto. Desses que sempre têm um "esquema".

"Cézar, vou te apresentar um cara que vai mudar seu jogo."

O sujeito dizia ser agente federal e ter uma agência de viagens.

"Parceria especial com as companhias. Consigo cobrir qualquer valor de passagem. Você vende, eu emito na hora, te pago 20% de comissão."

Fiz a conta rápida: 20% de comissão. Dinheiro na hora. Sem investimento.

Sabe o que eu vi ali? Alívio da pressão.

Não se tratava de dinheiro. Tratava-se de tirar aquela sensação de prazo acabando. De tempo correndo. De "preciso vender logo".

Primeira venda: minha irmã e cunhado. Viagem para a Colômbia que já tinham programado.

"Ma, consegui um desconto absurdo na passagem de vocês."

Ela confiou. Claro que confiou. Era o irmão dela.

Ticket emitido. R$ 1.000 de comissão caíram na conta no mesmo dia.

Mil reais. Em um dia. O dinheiro mais fácil que já tinha visto.

Logo ofereci para mais dois amigos. Um ia pros EUA, outro pro Japão. Fechado. Mais R$ 2.000.

Três mil reais em uma semana. E minha cabeça já estava calculando: se eu vender cinco passagens por semana...

E aqui está o problema: eu parei de caçar.

O VENENO DA DISTRAÇÃO

Sabe o que aconteceu? O óbvio. O previsível. O que sempre acontece quando campeão perde o norte.

O foco vira obsessão errada.

Acordava e a primeira coisa que fazia? Abrir WhatsApp e pensar: "Quem vai viajar?".

Aquela fome insaciável que eu tinha por leads virou fome por passagens. Aquela obsessão de ficar online de madrugada virou obsessão por encontrar quem poderia comprar passagem.

E o pior: eu achava que estava arrasando. Que tinha encontrado o caminho.

A verdade? Eu estava sabotando meu próprio sonho.

Madrugadas no escritório? Acabaram. Por que ficar até a madrugada esperando lead de imóvel se eu podia prospectar passagem durante o dia?

Eu tinha abandonado o osso principal por migalhas. Pior: achava que as migalhas eram o banquete.

Eu tinha trocado meu sonho por ilusão.

Pior: achava que era esperto. Que tinha encontrado o hack.

Mas sabe qual é a verdade sobre atalhos?

TODO ATALHO É DESVIO DO DESTINO.

A QUEDA

Duas semanas depois.

Onze da noite. Telefone toca.

"Cézar, a passagem foi cancelada. Estamos no aeroporto. O que está acontecendo?"

Minha irmã. No aeroporto. Com as malas prontas. E sem passagem.

Meu sangue gelou.

Ligo para o "agente": "Calma, erro no sistema. Emito outra amanhã cedo".

Manhã seguinte: sumiu.

Telefone: fora de área.

WhatsApp: bloqueado.

Minha irmã e meu cunhado vieram direto do aeroporto até mim. Cansados, frustrados, mas principalmente preocupados.

"Cézar, você foi enganado. Esse cara é um estelionatário. Você caiu num golpe."

Eu ainda não conseguia processar. Não queria acreditar. Como alguém faria isso? Por quê?

Mas quando vi o olhar deles – não era raiva, era preocupação comigo –, a ficha caiu.

Golpe.

R$ 15 mil de prejuízo. Três pessoas lesadas. Sendo uma delas minha própria irmã.

Mas sabe qual foi meu maior prejuízo? O tempo perdido.

Duas semanas oferecendo passagem em vez de vender imóvel. Duas semanas fora do meu caminho. Duas semanas que nunca voltariam.

A ESCOLHA FUNDAMENTAL

Quando eles foram embora, eu desabei.

Ali, sozinho no meu quartinho, tive certeza absoluta: meu sonho em São Paulo tinha acabado.

A frustração era física. Me jogava contra a parede. Por quê? Por que comigo? Por que alguém faria isso?

Eu só estava tentando sobreviver. Tentando achar uma forma de aguentar os cinco meses. E alguém usou meu desespero contra mim.

Passei horas naquele estado. Questionando tudo. Questionando se deveria continuar. Se valia a pena. Se não era melhor voltar para Rio Claro e assumir o fracasso.

Mas em algum momento, no meio daquela escuridão, parei e me perguntei:

"Cézar, o que seu caráter diz? O que seus valores dizem para fazer?"

Não se tratava de culpa. Era responsabilidade.

Eu tinha duas opções.

- **Opção 1:** Me vitimizar. "Fui enganado. Não tenho culpa. Vida injusta."
- **Opção 2:** Assumir. Pagar. Aprender. Seguir.

Ali, naquele momento, entendi: minha palavra vale mais que meu conforto.

Liguei para cada pessoa:

"Caí num golpe. Vou devolver cada centavo. Não tenho agora, mas vou pagar."

Decepção? Sim.

Respeito pela atitude? Também.

Mas como pagar R$ 15 mil que eu não tinha?

O FOCO RESTAURADO

Naquela mesma noite – escutem bem –, NAQUELA MESMA NOITE, voltei para o escritório.

Fiquei até a madrugada trabalhando. Focado. Determinado.

Por quê?

Porque o golpe me acordou. Me mostrou o preço do desfoco. Me ensinou que quando você sai do seu caminho, o universo te traz de volta. Às vezes com carinho. Às vezes com porrada.

E naquela semana aconteceu a venda do Caio. Aquela que já contei. A da madrugada.

R$ 14.500 de comissão.

O que eu fiz?

Simples. Paguei a dívida. Toda. De uma vez.

Lembra que eu tinha prometido parcelar? Esquece. Paguei à vista. R$ 15.000 divididos entre as três pessoas.

Zero no banco. Mas zero peso na consciência.

Resolvido. Próximo.

E aqui vem a parte que prova que Deus recompensa integridade:

Naquela mesma semana – escutem bem –, NAQUELA MESMA SEMANA, depois que honrei minha palavra, o telefone toca.

Meio-dia. Hora do almoço.

"Oi, meu nome é Juliano. Vi o MaxHaus Campo Belo. Já conheço o empreendimento. Posso ir ao seu escritório hoje?"

Naquela mesma tarde ele apareceu. Direto. Sem rodeios.

Já conhecia o projeto. Sentou. Conversamos. Assinou.

R$ 12 mil de comissão.

Ou seja: naquela semana, duas vendas.

A do Caio – que usei para pagar a dívida toda. A do Juliano – que me colocou R$ 12 mil limpos no bolso.

R$ 26.500 total.

Coincidência? Não. Matemática divina: quando você age com integridade, o universo responde.

Agora, sim, eu tinha R$ 11.500 limpos. Honestos. Conquistados.

AS LIÇÕES GRAVADAS A FOGO

PRIMEIRA LIÇÃO: Foco é seu maior ativo

Eu não perdi dinheiro. Perdi foco. E foco perdido custa mais caro que dinheiro perdido. Porque dinheiro você recupera. Tempo e oportunidades perdidas, nunca mais.

SEGUNDA LIÇÃO: Pressão te faz presa

Quando você está sob pressão – prazo apertando, dinheiro acabando –, fica vulnerável. Predadores sentem esse cheiro. E atacam. A única defesa? Manter o foco no plano principal.

TERCEIRA LIÇÃO: Atalho é sempre armadilha

Sabe por que não existe atalho? Porque o caminho **é** o processo. Cada madrugada, cada não, cada porta fechada – tudo faz parte da sua formação. Quando você pula etapas, pula aprendizados. E a vida cobra depois.

QUARTA LIÇÃO: Desvio tem preço

Duas semanas com desvio de foco me custaram muito mais que dinheiro.

Custaram velocidade. Frequência. Confiança que eu estava construindo e empilhando, tijolo por tijolo.

Sabe quando você está correndo e para? Voltar a correr dói mais que continuar correndo. É isso que o desvio faz.

O desvio não cobra só o tempo que você perdeu. Ele cobra juros compostos. Cobra energia extra para recuperar o ritmo. Cobra a credibilidade que você estava construindo. Cobra as oportunidades que passaram enquanto você estava distraído olhando para o lado.

A falta de foco é o imposto mais caro que você paga. E você paga sem perceber.

Não desvie. O preço é brutal.

QUINTA LIÇÃO: Caráter é sua única moeda eterna

Paguei R$ 15 mil que poderia ter negado. Poderia ter dito "fui enganado, não tenho culpa".

Mas minha palavra foi dada. E palavra de campeão não se negocia.

Sabe o que comprei com esses R$ 15 mil? Algo que dinheiro nenhum compra depois que você perde: integridade intacta.

Quando você mantém sua palavra mesmo quando dói, mesmo quando ninguém te obrigaria, você constrói algo que nenhuma crise destrói: caráter blindado.

Seus valores não são negociáveis. São eles que te sustentam quando tudo mais desaba.

SEXTA LIÇÃO: Deus testa foco antes de dar poder

As duas vendas vieram IMEDIATAMENTE após eu voltar ao foco. Mensagem clara: "Fica no seu caminho que eu cuido do resto".

Mas a lição mais profunda?

Quando você está construindo algo grande, aparecerão mil "oportunidades" para te desviar. Mil formas de "aliviar a pressão". Mil atalhos tentadores.

Sua missão? Ignorar todas. Focar o osso principal. Roer até o fim.

Porque, no final, o que separa campeão de perdedor não é talento.

É CAPACIDADE DE MANTER O FOCO QUANDO TUDO CONVIDA À DISTRAÇÃO.

O RENASCIMENTO DO CAÇADOR

Saí daquele episódio transformado.

Não era mais o mesmo corretor desesperado que aceitava qualquer "oportunidade".

Agora eu sabia: meu caminho era vender imóveis. Meu foco era ser o melhor nisso. Meu destino era dominar esse jogo.

E com R$ 11.500 no bolso – limpos, honestos, conquistados –, eu tinha capital.

Mas capital sem estratégia é desperdício.

Era hora de pensar maior. De transformar esforço individual em sistema escalável.

Era hora de multiplicar...

A ESTRATÉGIA DA MULTIPLICAÇÃO

Logo no início, saí para jantar com Maciel e outro corretor que também era considerado um dos melhores. Eu queria entender a matemática do sucesso.

Fiz a pergunta mais óbvia do mundo:

"Quantos clientes vocês precisam atender para fechar uma venda?"

Silêncio.

Maciel deu de ombros. O outro desviou o olhar. Nenhum dos dois sabia responder.

Aquilo me chocou. Como alguém pode ser campeão sem conhecer os próprios números? Era como dirigir no escuro – você até chega em algum lugar, mas não sabe como repetir o caminho.

Naquela noite, tive minha primeira grande sacada de São Paulo: se até os campeões não sabiam como venciam, imagine o espaço que existia para quem transformasse intuição em inteligência.

Eu seria esse cara. Transformaria esforço vago em esforço cirúrgico. Cada movimento calculado. Cada energia investida com retorno garantido.

Comecei a metrificar TUDO. Cada atendimento, cada visita, cada proposta. Em semanas, tinha meu mapa completo.

E então veio o insight: se eu multiplicasse meus esforços através de outros, criaria uma máquina de vendas.

Com o dinheiro que sobrou após pagar as dívidas, fui direto aos corretores que estavam havia meses sem vender:

"Irmão, vou te fazer uma proposta. Te dou R$ 1.000 agora. Com esse dinheiro, criamos anúncios direcionados, montamos uma estrutura. Uma planilha de Excel para controle. Tudo que entrar de cliente, você atende. Vendeu, dividimos. Eu entro com capital, você com execução, fazemos parceria."

Era revolucionário por três motivos:

1. Transformava custo fixo em investimento – ao invés de guardar o dinheiro, fazia ele trabalhar.
2. Aumentava minhas probabilidades e previsibilidade – múltiplas frentes de trabalho, resultados mais consistentes.
3. Ganhava liderança sem cargo – eles me viam como alguém que investia neles.

Em três meses, tinha quatro corretores operando assim. Minha capacidade de atendimento se multiplicou por cinco. Meus resultados explodiram.

Mas o mais importante: enquanto outros corretores ainda vendiam, eu já pensava como empresário. Não vendia imóveis – construía um sistema de vendas.

LIÇÃO EXTRAÍDA: campeões não escalam esforço. Escalam inteligência.

O TESTE SECRETO

Dez meses depois de entrar na MaxHaus, recebo uma ligação que mudaria tudo.

Era o CEO da incorporadora, José Paim, me convidando para ir até sua casa. Um apartamento no Campo Belo, bairro nobre de São Paulo.

Sentamos frente a frente. Ele foi direto:

"Você caiu em um teste. Contratamos uma empresa para avaliar nossa equipe de vendas. Clientes ocultos, situações simuladas, análise de atendimento. Você foi o único que passou em todos os critérios. O relatório diz que você é nossa grande aposta. Preciso que assuma uma gerência."

Meu cérebro travou. Dez meses. Apenas dez meses e estavam me oferecendo uma gerência.

"José, agradeço a confiança, mas acho que ainda não é o momento."

Ele insistiu. Eu mantive posição. Ainda não era a hora.

Duas semanas depois, meu gerente, Bento, aceitou proposta de outra empresa. José me ligou:

"Agora você não tem escolha. Você vai assumir."

A CONSULTA AOS GUERREIROS

Antes de aceitar, fiz algo que considero fundamental: consultei a tropa.

Liguei para os cinco corretores que restaram na empresa após a saída do Bento. Um por um. A pergunta era simples:

"Recebi convite para assumir a gerência. Se eu aceitar, vocês ficam comigo?"

Todos disseram sim. Incluindo Maciel. Sim, o campeão dos R$ 100 mil agora seria meu liderado.

Por que aceitaram? Dois motivos:

- **Primeiro:** viram minha trajetória. O cara que dormia no escritório, que criava parcerias, que transformava madrugada em oportunidade.
- **Segundo:** intensidade é contagiosa. Quando você vive com fogo nos olhos, as pessoas querem se aquecer na sua chama.

O DISCURSO DE POSSE

Primeira reunião como gerente. Salão de festas do MaxHaus Brooklin.

Olhei para aqueles cinco guerreiros e fui direto:

"Vocês têm mais experiência do que eu. Mas eu tenho algo que se chama VONTADE. Vamos juntar isso e arrebentar."

"Só uma coisa: enquanto vocês estiverem dando o sangue, eu estarei sangrando junto."

A energia mudou na sala. Vi nos olhos deles: compraram a visão.

AS REGRAS DO NOVO JOGO

Estabeleci duas regras fundamentais:

1. **Transparência total.** "Problemas na mesa, soluções em conjunto. Segredo apodrece. Verdade constrói."
2. **Crescemos juntos ou não crescemos.** "Não existe eu ganho e você perde. Ou ganhamos todos, ou revisamos o que está errado."

Implementei reuniões semanais em que cada um compartilhava:

- Maior aprendizado da semana
- Maior dificuldade enfrentada
- Como podemos ajudar uns aos outros

A TRANSFORMAÇÃO COMPLETA

Dez meses. Foi o que levou para sair do quartinho de dois por dois metros para gerente em São Paulo.

Mas não foi sorte. Foi sistema:

- Identificar o campeão
- Encontrar espaços vazios
- Trabalhar enquanto outros dormem
- Transformar dinheiro em multiplicação
- Construir alianças estratégicas
- **Liderar pela intensidade do exemplo**

PORQUE DESCOBRI ALGO FUNDAMENTAL: liderança não vem do cargo – vem da postura. Antes de ter o título, eu já liderava. Pelo horário que chegava. Pela madrugada que virava. Pela parceria que oferecia. Pela visão que compartilhava.

As pessoas não seguem cargos. Seguem intensidade. Seguem ação. Seguem quem sangra primeiro.

Mas agora eu percebi algo importante: **até ali eu jogava sozinho, agora o jogo era coletivo. Até ali eu só precisava me provar, agora precisava fazer outros vencerem. Até ali meu sucesso dependia do meu esforço, agora dependia da minha capacidade de multiplicar esse esforço através de outros.**

Eu havia aprendido as regras básicas da selva. Mas agora vinha a parte brutal:

NA SELVA, O PREDADOR DE ONTEM PODE VIRAR PRESA DE AMANHÃ.

Até ali, eu era caça tentando sobreviver. Agora, com uma equipe sob minha responsabilidade, eu precisava virar caçador. Não havia meio-termo.

Porque a verdade sobre liderança é esta: **se você não for o predador, você vira a presa. Se não ditar o ritmo, será engolido pelo ritmo dos outros.**

O garoto do interior tinha virado gerente. Mas isso era apenas o primeiro round.

Eu havia escolhido ser o caçador. E estava prestes a descobrir que nem toda caça aceita seu destino quieta.

CAPÍTULO 8

DE CAÇA A CAÇADOR

Começamos a arrebentar na MaxHaus! Minha equipe – aqueles cinco corajosos que disseram sim – criava algo diferente. Não éramos apenas vendedores. Éramos prova viva de que obstinação massacra talento. Sistema esmaga improviso. Fome organizada devora experiência acomodada.

Mas algo me corroía por dentro.

A MaxHaus não projetava novos lançamentos. Zero. No mercado imobiliário, isso é sentença de morte.

Fiz a conta: estoque atual dividido por velocidade de vendas. Resultado? Um ano. Depois disso, não haveria vendas suficientes para alimentar minha fome e a da minha equipe. Sem lançamentos, sem crescimento. Sem desafios novos para conquistar.

E AQUI APRENDI ALGO VALIOSO: quando você domina o presente mas não enxerga futuro, já está morrendo.

O VENENO DA ESTAGNAÇÃO

A questão não era dinheiro. Estava ganhando bem, construindo patrimônio.

Era algo mais profundo.

Preste atenção: na vida, você é piloto ou passageiro.

Piloto vê a curva antes que ela chegue. Controla velocidade. Define destino.

Passageiro? Reza. Grita. Mas nunca toca no volante.

A maioria escolhe ser refém. É mais fácil culpar quem dirige.

Eu não. Preciso do controle. Preciso ver três curvas à frente.

A visão do longo prazo deve ser sua obsessão. Force-se a enxergar o próximo passo. Sempre.

Quando você foca não o que ganha hoje, mas o que isso constrói para amanhã, descobre a verdade:

O LONGO PRAZO SEMPRE VENCE.

23 HORAS E UM DESTINO

Naquela época, eu dividia apartamento com dois grandes amigos de infância: Guilherme Colombini e Lucas Rizzardo. A vida nos trouxe juntos para São Paulo – cada um perseguindo seu próprio sonho.

Lucas trabalhava na Michael Page, multinacional de recrutamento e seleção de profissionais. Ele atuava no setor de real estate. Conhecia o mercado imobiliário como poucos. Via por dentro o que as empresas buscavam, quem estava contratando, quem estava crescendo.

Com ele eu desabafava:

"Cara, estou sufocando. Não é a empresa. É a falta de horizonte."

Numa noite que mudaria tudo, cheguei em casa tarde – umas 23h. Lucas estava acordado, me esperando.

"Cara", disse ele, me chamando para sentar na cama dele, "almocei hoje com um diretor da Cyrela. Moyses, o nome dele. Você TEM que conhecer esse cara. Falei de você."

Cyrela. A maior construtora do país. Onde os maiores jogadores jogavam.

"Manda mensagem pra ele. Agora."

"Agora? São onze da noite!"

"Manda, Cézar. Manda agora."

Ali, sentado na cama do Lucas, com ele do meu lado, adicionei Moyses no WhatsApp. A resposta veio instantânea:

"Neste nosso negócio não temos horário. Venha na Cyrela, próxima quarta-feira, 13h."

LIÇÃO GRAVADA A FOGO: oportunidade não marca reunião. Ela bate na porta às 23h de uma terça qualquer. Se você pedir pra voltar amanhã, ela procura quem atende hoje.

Mas aqui tem outra verdade ainda mais profunda: **PESSOAS DEPENDEM DE PESSOAS.**

Lucas não precisava fazer isso. Podia ter ido dormir, deixado para o dia seguinte, esquecido de me contar. Mas amigo de verdade não deixa oportunidade passar. Amigo de verdade te empurra pro abismo certo.

Até hoje sou grato ao Lucas por aquela noite. Por ter ficado acordado. Por ter insistido. Por ter visto em mim algo que talvez nem eu via ainda.

ENTRANDO NA ARENA MAIOR

Escritório da Cyrela. Avenida Juscelino Kubitschek. Pé-direito duplo, mármore no chão, poder no ar.

Moyses me esperava no elevador. Terno impecável, postura de general. Me levou até uma sala onde estava Ewerton Fullini, gerente-geral de RH.

Três perguntas definiram tudo:

“Por que quer trabalhar aqui?”

“Desde adolescente busco fazer carreira. A Cyrela é onde os melhores estão.”

“Por que sair da MaxHaus?”

“Falta visão de futuro. Sem produtos novos, sem crescimento.”

“E se amanhã eu também não tiver produtos, você vai sair?”

“O problema não é falta de produto. É falta de visão. Produto acaba, visão continua construindo. Sem visão não existe plano de ação. Sem plano de ação, é questão de tempo até morrer. Se a Cyrela perder isso, sim, eu saio. Mas não acredito. Por isso estou aqui. A maior do setor não chegou aonde chegou por acidente.”

Então veio o teste:

“Você é gerente lá, mas não tenho essa vaga. Nossos gerentes são formados dentro de casa. Viria como corretor?”

Sem hesitar: “Eu não sou gerente, eu estou como gerente. Venho como corretor para fazer carreira”.

Dois meses depois, o sim chegou. Mas não como corretor – como gerente mesmo.

Vinte e três anos. Eu me tornava o gerente mais novo da história da Cyrela até aquela data.

E aqui preciso expressar minha gratidão: Moyses não foi apenas quem abriu a porta. Foi o cara que viu em mim algo que talvez nem eu enxergasse ainda. Confiou quando não tinha motivo. Me direcionou quando eu estava perdido. Foi um paizão quando eu mais precisava de uma figura que acreditasse no meu potencial.

PESSOAS DEPENDEM DE PESSOAS. E ALGUMAS PESSOAS MUDAM O CURSO DA SUA HISTÓRIA.

Quando Moyses confirmou o convite, algo explodiu dentro de mim.

Não era alegria simples. Era mais primitivo. Era sangue reconhecendo destino.

O moleque do interior estava cumprindo a promessa feita naquele domingo, na chegada a São Paulo. Quando olhei os prédios da Faria Lima e jurei: "Vou fazer história nessa cidade".

Agora eu tinha nome e endereço para escrever essa história.

Cyrela. A maior do país.

Com sangue. Com fome. Com a certeza de quem não veio para participar.

Veio para dominar.

O CHOQUE DE REALIDADE

Saí de uma empresa com vinte corretores para uma com quinhentos.

De dois gerentes para mais de vinte.

De peixe grande em aquário pequeno para sardinha em oceano.

E foi brutal.

Fui recebido como ameaça. Um garoto de 23 anos, vindo de fora, sem "pedigree Cyrela". Gerentes estabelecidos me ignoravam. Corretores questionavam minha autoridade. O sistema me testava diariamente.

Ali eu entendi de verdade o jogo da selva: não existe neutralidade. Ou você é predador ou é presa. E quando você entra como presa, tem duas opções: aceitar seu destino ou virar o jogo.

UMA MÃO ESTENDIDA

Fui muito atacado. Extremamente atacado.

Exceto por um gerente: Cláudio.

Ele me chamou para conversar. Foi direto:

"Cara, não vai ser fácil. Mas você precisa aguentar o tranco. Essa empresa é abençoada."

"Todo mundo que vale alguma coisa aqui apanhou no começo. A diferença? Quem aguenta e quem foge. Você tem cara de quem aguenta."

"Vão tentar te quebrar. É o batismo. Mas se aguentar, um dia será você batizando os novatos. E vai entender que não é crueldade. É seleção natural."

LIÇÃO GRAVADA A FOGO: no meio da guerra, um aliado vale mais que cem soldados.

O TESTE DO DESTINO

Segundo mês. Terceiro mês. O desespero bateu.

Tinha equipe sob minha responsabilidade, mas não estava conseguindo performar. Minha reserva financeira da MaxHaus estava acabando.

Foi quando o telefone tocou.

Proposta para assumir a gestão comercial de um grande empreendimento imobiliário em Manaus. Um projeto de luxo. Queriam alguém para estruturar toda a operação do zero.

Trinta mil por mês. Duzentos mil de luvas – um bônus só por aceitar, antes mesmo de começar. Mais comissões.

Duzentos mil reais no bolso apenas por dizer sim. Uma fortuna para quem estava começando.

"Deus falando comigo", pensei. "Não estou indo bem na Cyrela, não vou conseguir performar. Deus mandou um recado."

Animado, liguei para minha mãe.

Ela escutou tudo com carinho, mas com a franqueza que só mães têm:

"Filho, você é adulto, decide o que achar melhor. Saiba que todas as decisões têm consequências. Mas quero te devolver uma pergunta: por que você foi pra Cyrela? Qual foi o motivo, qual foi o seu propósito?"

Aquilo veio direto no peito.

Desliguei o telefone, fiquei reflexivo. "Claro, é tão óbvio", pensei. "Vim para a Cyrela por um propósito muito claro. Vim porque PEDI para estar aqui. Pedi para estar na melhor empresa do setor, pedi para fazer carreira."

E se eu queria fazer carreira, ser uma pessoa de destaque, precisava estar na melhor empresa. Eu estava lá. Eu havia PEDIDO isso. Só que achava que seria fácil? Claro que não!

O que eu estava fazendo era procurar conforto no meio do desconforto. Querendo achar uma saída mais fácil, um atalho. Mas todo grande sucesso, todas as grandes conquistas vêm após grandes provações.

Eu estava sendo lapidado. E precisava passar por esse processo.

LIÇÃO BRUTAL: quando você pede algo a Deus, Ele não manda o resultado. Ele manda o processo. E o processo dói.

A LIGAÇÃO DA VIRADA

Liguei para Moyses:

"Olha, estava pensando em sair, recebi uma proposta, mas neguei. E vou te falar uma coisa: a partir de hoje vou fazer história nessa empresa. Porque não tenho mais dúvida."

E foi naquele momento – quando não tinha mais dúvida, quando sabia que aguentaria passar por tudo que fosse necessário – que criei uma força fora do normal.

Porque Deus não multiplica o que é confuso. Deus não rompe barreiras quando há confusão. Quando você está em dúvida, sempre viverá no meio da confusão. Tudo que é bem-sucedido, tudo que se realiza, é porque você tem certeza daquilo que está fazendo.

Ele me respondeu com algo que nunca esqueci:

"Sabe qual sua maior qualidade? Você é ensinável. Mas sabe seu defeito? Ainda não entendeu seu tamanho. Quando entender, vai atropelar todo mundo aqui."

Me arrepio até hoje lembrando disso.

DEUS NÃO MULTIPLICA CONFUSÃO.

Ele não rompe barreiras para indecisos. Quando tem dúvida, vive no caos. Quando tem certeza, vive no propósito. E propósito atrai poder.

A DÚVIDA É O ÚNICO PECADO IMPERDOÁVEL DO CAMPEÃO. MATE ELA ANTES QUE ELA MATE VOCÊ.

PRIMEIRA VITÓRIA

Comecei a encontrar forças, encontrar caminhos. As coisas começaram a clarear. Os ataques não paravam, mas eu ficava mais forte. Não tinha mais dúvida. Sabia o que fazia, para que fazia, pelo que fazia.

Em 2017 – meu primeiro ano completo na Cyrela –, terminei em quarto lugar entre aproximadamente quinze gerentes. Bati todas as metas, formei uma equipe sólida, fiz vendas significativas.

Mas no final desse ano, tive um problema. Uma discussão com um colega sobre uma venda em comum. Algo que me abalou profundamente e trouxe de volta a maldita dúvida.

O INÍCIO DO COLAPSO

TODO PREGO QUE SE DESTACA É MARTELADO.

Eu estava sendo atacado, pressionado. Naquela discussão, sentiram que sangrei. E quando você sangra em tanque de tubarões, o ataque vira massacre.

Jamais sangre em um tanque de tubarões. Seja o tubarão!

E aquilo trouxe a maldita dúvida de volta. Aquele era o meu lugar? Eu sairia? Ficaria? Novamente a minha mente me sabotando.

Eu estava deixando de ser o caçador para ser a caça.

Minha equipe desabou. Parou de vender.

Fui irresponsável. Deixei a fraqueza me dominar e a transbordei.

Líder não tem luxo de oscilar. Sua dúvida mata você e transborda para todos que acreditam em você.

De novembro de 2017 a fevereiro de 2018, o desastre estava completo. E a culpa era minha – minha equipe sempre foi muito "Cézar", muita energia, frequência alta. Quando eu oscilava, eles oscilavam.

A PROVOCAÇÃO QUE MUDOU TUDO

Final de 2017. Convenção Cyrela.

Orlando, diretor comercial do grupo, se direciona até mim. Olha nos meus olhos. Me encara e diz:

"Será que um dia você será o campeão?"

Consigo me lembrar desse momento como se fosse agora, este segundo.

Meu sangue ferveu.

Aquela provocação fez o sangue correr mais forte nas minhas veias.

Entendi o recado. Era, em outras palavras: "Você foi fraco. Se deixou derrubar. Seu controle emocional não sustentará o que você precisa para vencer".

Não respondi com palavras.

Mas naquele segundo tudo mudou.

O ano de 2018 se aproximava. E eu tinha promessa silenciosa pra cumprir.

De caça, virei caçador. De presa, predador. O leão sempre existiu. Só esperava a provocação certa.

“

NA SELVA CORPORATIVA, NÃO EXISTE MEIO-TERMO. TODO DIA VOCÊ ESCOLHE: CAÇAR OU SER CAÇADO? QUANDO ESCOLHE CAÇAR SEMPRE, VIRA O MAIOR PREDADOR. QUESTÃO DE TEMPO. QUESTÃO DE FOME. QUESTÃO DE NÃO ACEITAR OUTRO DESTINO.

”

CAPÍTULO 9

A VIRADA COMPLETA

2018 começou como um ano que parecia destinado ao fracasso.

Foi então que Moyses me indicou um livro que mudou minha vida: *A arte da guerra pelos Navy Seals*.

Os Navy Seals – a elite da Marinha americana. Soldados treinados para sobreviver e vencer nas condições mais extremas do planeta. Homens que encaram missões impossíveis com uma mentalidade inabalável: completar a missão ou morrer tentando.

Estudei obsessivamente a mentalidade deles. Como pensam, como agem, como transformam pressão em performance. Como fazem da dor física e mental o combustível para a excelência.

E em um almoço com Moyses, fui surpreendido com uma informação que mudaria tudo.

"Fiz uma aposta com Orlando", disse Moyses, referindo-se ao diretor comercial da Cyrela. "Apostei que você será campeão este ano."

Meu coração acelerou. "O que ele disse?"

Moyses me olhou nos olhos: "Que você não será. Que seu controle emocional ainda é fraco".

Reforçava aquela provocação que eu havia sentido no final de 2017. Mas que eu carregava em silêncio.

Cara, me lembro exatamente daquela cena. A mesa do restaurante, o barulho ao fundo, a expressão no rosto do Moyses. E principalmente: como o fogo ardeu dentro de mim naquele instante.

A MÁQUINA MENTAL

Naquela noite, quando cheguei em casa, algo havia mudado para sempre em minha mente. Peguei um papel e comecei a escrever. Não era apenas um plano – era uma declaração de guerra.

"2018 será o ano da grande vitória – Minha equipe seria Campeã", escrevi na primeira linha.

E então comecei a detalhar, número por número, meta por meta, ação por ação. Mas não era apenas racional – era emocional também. Eu visualizava cada momento. Me via no palco. Ouvia os aplausos. Sentia o peso do troféu na mão.

Todas as manhãs, antes mesmo de escovar os dentes, eu repetia para mim mesmo: "Eu sou um campeão. Eu faço o que precisa ser feito. Não existem desculpas".

A AUTOCONFIANÇA É COMO UM MÚSCULO - PRECISA SER TREINADA DIARIAMENTE.

E eu treinava a minha como um Navy Seal treina para missões impossíveis.

Porque eu havia entendido algo fundamental: minha mentalidade era a coisa mais importante. Não o mercado, não a concorrência, não a sorte. MINHA MENTALIDADE.

Durante todo aquele período, eu me sustentei com mantras específicos. Frases que repetia para mim mesmo dezenas de vezes por dia:

- **De manhã, antes de qualquer coisa:** "Não existem desculpas. Os campeões fazem o que tem que ser feito".
- **Quando batia o desespero:** "Oportunidade não se pede, se cria. Todo espaço vago é minha chance".
- **Quando alguém duvidava:** "O campeão não é influenciável. Jamais vou sangrar em um tanque de tubarões".
- **Quando a pressão apertava:** "Quando pegar o osso, roa até o final. O longo prazo sempre vence".
- **Antes de dormir:** "Tenho eterna gratidão, mas eterna insatisfação. Amanhã posso ser melhor que hoje".

Esses mantras não eram apenas palavras bonitas. Eram comandos diretos para meu subconsciente. Eram a reprogramação mental que todo campeão precisa fazer.

Sua mente acredita no que você mais repete para ela. Então cuidado com o que você fala para si mesmo. Eu falava vitória. Por isso vivi vitória.

Em 14 de fevereiro de 2018, fiz uma reunião com minha equipe. "Nossa equipe vai se chamar Seals", anunciei. "Apresento nossa nova metodologia. Este ano faremos história. Tudo mudará. E jamais seremos afetados por fatores externos. Porque juntos somos mais fortes. Pessoas dependem de pessoas."

Todo mundo comprou a ideia. Todo mundo se uniu. Ali eu sabia que tinha uma missão a ser cumprida e que nada me pararia.

Quando tive essa certeza e comecei a perceber que a vida não é justa – que ela trará situações inesperadas o tempo todo –, desenvolvi o sentimento da autorresponsabilidade. Entendi que **tudo que acontece na sua vida é sua culpa**. Absolutamente tudo.

E quando você entende isso, para de ser vítima. Para de procurar culpados. Assume o comando.

A partir daquele momento, me tornei uma máquina. Não descansava. Não tirava folga. Não atendia ninguém que não fosse da minha equipe. Eu só vivia para as pessoas que trabalhavam comigo.

Minha rotina era religiosa: primeiro a chegar, último a sair. Mas não era apenas presença física – era presença mental total. Cada lead, cada cliente, cada negociação recebia minha atenção absoluta. Cada liderado que trabalhava comigo recebia meu foco total. Meu time. As pessoas. Eu foquei em extrair o melhor de cada uma delas. Eu estudava números como um cientista estuda fórmulas. Conhecia cada métrica, cada tendência, cada oportunidade.

Os Navy Seals me ensinaram que a excelência não é um ato, mas um hábito. E eu transformei aquela filosofia no DNA da minha equipe. Nós não éramos apenas vendedores – éramos guerreiros em missão.

NAVY SEALS DAS VENDAS

Mas deixe-me explicar como funcionava na prática aplicar filosofia militar em vendas. Era muito mais do que apenas mindset – eram técnicas concretas focadas nas pessoas que trabalhavam comigo. Meu foco era nelas. A consequência era melhoria de vendas. Eu focava a mentalidade delas, as ações delas, o preparo emocional delas.

Todo Navy Seal sabe:

"DOIS É UM, UM É NENHUM."

Ou seja, sempre tenha backup. Apliquei isso com minha equipe – cada pessoa tinha que não apenas dominar sua especialidade, mas também apoiar os colegas. Se alguém estava com dificuldade numa negociação, outro já sabia como ajudar.

"NUNCA DEIXE O INIMIGO DITAR O RITMO DA BATALHA."

Eu treinava minha equipe para sempre chegar preparada, para controlar as situações, para ditar o fluxo. Enquanto outras equipes reagiam aos problemas, a minha antecipava e agia.

"MISSÃO SEMPRE VEM PRIMEIRO."

Eu treinava eles sob pressão. Eu cobrava. Pressionava. Mas eu fazia e acompanhava. O meu exemplo sustentava minhas palavras. Minhas atitudes sustentavam a velocidade.

Se alguém estava prestes a atender um cliente e não tinha uma caneta, eu não deixava atender. Era régua alta. O tempo inteiro. Se eu chegava e pedia para meu corretor me explicar o projeto e ele gaguejava, eu tirava ele da ordem de atendimento. A régua tinha que ser alta. E todos sabiam disso, e sabiam que isso impactava diretamente nos nossos resultados coletivos.

Pode parecer excessivo? Talvez. Mas todos compravam o padrão de excelência, porque entendiam o porquê. Não era crueldade – era preparação. Um cliente não perdoa falhas. O mercado não perdoa despreparo. A concorrência não perdoa fraqueza.

Quando minha equipe entrava numa apresentação, eles sabiam que estavam 200% preparados. Essa confiança transparecia. Essa segurança vendia. Essa excelência ganhava.

Era guerra. E guerreiros se preparam de forma diferente da dos soldados comuns.

A TÉCNICA OAE EM AÇÃO

Mas como exatamente eu planejei aquela virada? Deixe-me mostrar o processo mental que poucos conhecem. Eu uso uma técnica que desenvolvi: OAE.

- **Observar tudo.** Sentei e analisei friamente o que havia dado errado em 2017. O que observei? Equipe desmotivada e perda de foco por minha culpa. Eu me deixei focar os problemas, e não a solução. Deixei que me atacassem e não ataquei novamente.
- **Autoavaliar tudo.** A parte mais dolorosa: olhar no espelho sem filtro. Eu estava sendo reativo, não proativo. Estava correndo atrás do prejuízo, ao invés de antecipar problemas. Estava liderando pelo medo, não pela confiança.
- **Encontrar os padrões.** O padrão estava claro: toda vez que eu fraquejava mentalmente, a equipe desabava junto. Toda vez que eu entrava em pânico, eles entravam também.

A SOLUÇÃO ERA ÓBVIA: se eu fosse inabalável, eles seriam inabaláveis.

Por isso criei os três pilares da nossa estratégia 2018:

1. Mentalidade blindada (treinamento diário de autoconfiança).
2. Sistema à prova de balas (processos que funcionam mesmo sob pressão).
3. Antecipação total (sempre um passo à frente da minha concorrência. Eu antecipava todas as ações. Não perdia mais tempo. Virei uma máquina de execução e soluções).

OAE transformou caos em clareza. E clareza em vitória.

TRANSFORMANDO A MATILHA

Mas eu não estava fazendo isso sozinho. Eu tinha uma equipe. E uma equipe de galinhas nunca pode competir com uma equipe de leões.

Então comecei a transformar o ambiente. Porque descobri algo fundamental: o ambiente sempre vence.

- **Primeira mudança:** as reuniões. Nada de começar falando de problemas. Sempre começávamos celebrando as vitórias da semana anterior. Por menores que fossem. Aqui, trouxe profundidade e focamos muito o ALINHAMENTO 360. Cada pessoa precisava saber exatamente onde estava, para onde ia e como ia chegar lá. Não era apenas motivação – era direcionamento estratégico total.

Cada pessoa precisava sair daquela sala se sentindo capaz, poderosa, parte de algo maior.

- **Segunda mudança:** a linguagem. Banimos palavras como "impossível", "difícil", "não vai dar". Banimos também a palavra "NÃO CONSEGUI". Aliás, eu odiava, e como ainda odeio essa frase. Ela não existe para mim. Nossa linguagem era: "como vamos resolver", "que estratégia vamos usar", "quando vamos conseguir".

Nosso ritual era NOS BLINDARMOS DE TUDO E DE TODOS. "Somos uma equipe de elite. Fazemos o que precisa ser feito. Não existem desculpas."

O AMBIENTE SEMPRE VENCE. E QUANDO VOCÊ COLOCA LEÕES JUNTOS, ELES CAÇAM COMO UMA MATILHA LETAL.

Pessoas dependem de pessoas. Mas dependem das pessoas CERTAS.

O LADO OBSCURO QUE NINGUÉM VÊ

Mas quero que vocês entendam uma coisa: ser campeão tem um preço que poucos estão dispostos a pagar.

Enquanto outros gerentes – meus pares na época – pediam por folga, ficavam em mesa nos plantões conversando e papeando, eu estava indo em todos os atendimentos com meu time. Não vou mentir – havia uma diferença de ritmo clara entre mim e eles. Enquanto se acomodavam na rotina, eu intensificava a busca por resultados. Não era arrogância, era necessidade. Era fome.

Eu ficava até de madrugada fazendo minhas reflexões diárias. Eu usava o dia para executar, a noite e a madrugada para refletir e ficar melhor no dia seguinte. Analisava cada movimento, cada resultado, cada falha. O que deu certo? O que pode melhorar? Como posso ser mais eficiente amanhã?

Eu dormia pensando na vitória, acordava pensando na vitória. Era o primeiro e último pensamento de cada dia.

Campeões têm um lado obscuro. E esse lado é o que os move.

Nossa cabeça pensa cinquenta vezes mais que a de uma pessoa normal. É fome, é sangue nos olhos, é adrenalina que nunca acaba. É nunca estar satisfeito, nunca estar calmo.

Todos os dias eram dias. Eu levava meu celular pro banho, atendia no primeiro toque. Aparecia atendimento de última hora? Eu chegava rápido. Estava de corpo e alma para todos os meus liderados. Não pensava em mais nada. Apenas em servir o meu time. Servir os meus liderados. Sim, esse era meu único foco.

É pesado? É. Mas é necessário.

E quando você entende que esse peso é o preço da excelência, você não só aceita – você ama.

Minha cabeça entrou num túnel. Eu estava decidido a ganhar aquele ano.

Tinha uma estratégia poderosa àquela altura do campeonato.

Eu era atacado. E muito. Tentavam me parar. Me derrubar.

A estratégia? **Fingir abalo.**

Sim, fingia abalo.

Como? Simples: me mostrava abalado para eles, fazendo acharem que eu estava caindo na pilha. Posturas retraídas, voz mais baixa, olhar distante.

Mas na verdade? Eu estava alimentando minha força.

Mal sabiam eles que, naquela altura do campeonato, cada ataque virava combustível, virava motivação. Eles alimentavam uma máquina determinada e obstinada pela vitória.

PORQUE DESCOBRI ALGO PODEROSO: quanto mais pedradas eu recebia, mais incontrolável ficava. Aquela sede de fazer acontecer me transformava numa máquina mortífera.

Comecei a de fato modelar minha mente de CAMPEÃO. Porque o campeão também entende que ele precisa estar junto aos melhores. Junto aos CAMPEÕES.

Quando chegou dezembro, claro que eu sabia a dimensão. Claro que eu sabia que havíamos sido campeões. Eu sabia, sim, que o feito era grande. Só não sabia que era o recorde de uma equipe de vendas até ali. Não tinham aberto isso para mim.

E naquele ano de 2018, fizemos história mesmo. Fizemos o maior número de vendas que um gerente de vendas e sua equipe já haviam feito em sessenta anos de Cyrela até aquela data. Não era apenas um recorde – era a prova de que quando você remove as dúvidas e abraça sua missão, o impossível se torna inevitável.

A HORA DA COROAÇÃO

A premiação anual da Cyrela. Centenas de pessoas no auditório, diretores, gerentes, toda a alta liderança. Quando chamaram meu nome para subir ao palco, meu coração disparou.

"Quero chamar aqui o Cézar. O maior resultado da história da Cyrela. Cézar, parabéns!", dispara Orlando, diretor comercial da empresa.

Fiquei em choque. Literalmente em choque.

Meu sangue correu mais forte. Olhei para o Moyses na hora, ele me olhava, sorrindo, com orgulho. Eu sabia que seria chamado, mas não daquela forma, e realmente não sabia que era o maior número da história até aquela data. Minha equipe vibrava. Orlando ainda dispara, apontando para eles: "Esse é o espírito. Uma equipe que está junto, vibra junto, que grita junto. Esse é o espírito", ele repete. Minha equipe vibrava. Tudo tremia. Eu já tinha me preparado para aquele momento, mas aquele ato, aquela notícia, me tirou do eixo.

Imediatamente chamei toda a minha equipe para que subissem ao palco. Todos subiram. Eu retiro o celular do meu bolso e ali leio uma carta para eles.

A CARTA DO FUTURO

Aquela carta não foi escrita por impulso. Foi o resultado de um processo que poucos conhecem.

Em fevereiro de 2018, após nossa reunião de reestruturação, fiz aquilo que os campeões fazem: já escrevem e visualizam seu futuro no hoje. Escrevi uma carta para o futuro. Para o momento exato em que seríamos campeões.

VISUALIZAÇÃO NÃO É SONHAR ACORDADO. É PROGRAMAR O SUBCONSCIENTE PARA O RESULTADO INEVITÁVEL.

Todos os dias, por dez minutos, eu fechava os olhos e me via naquele palco. Sentia o peso do troféu. Ouvia o Orlando falando meu nome. Via o sorriso orgulhoso do Moyses.

Quando você visualiza algo com tanta intensidade, com tanto detalhe, com tanta emoção, o universo conspira para tornar aquilo realidade.

E quando chegou o momento real, foi exatamente como eu havia imaginado centenas de vezes.

Coincidência? Não. Era resultado de um processo mental específico, intencional, sistemático.

O campeão não se surpreende com a vitória. Ele apenas confirma o que já sabia que ia acontecer.

Essa carta eu tinha escrito após a nossa reunião de 14 de fevereiro, quando eu havia falado das nossas mudanças. Eu sabia que o ano seria nosso. Eu tinha decidido isso. Eu tinha planejado. Eu tinha visualizado.

Quando subi naquele palco, quando peguei aquele troféu, quando vi toda a empresa de pé me aplaudindo, foi como se ao longo da minha jornada – da perda do meu pai, aos 6 anos, até aquele momento – tudo fizesse sentido.

Mas algo dentro de mim já pensava: "E agora? O que vem depois?".

BICAMPEONATO E ALÉM

No dia 31 de dezembro de 2018, envio uma mensagem ao Orlando de feliz final de ano, e ele responde: "Vamos buscar o bicampeonato". E eu disse que esse era o plano.

Mas, no fundo, queria dizer: "Sua provocação, sua dúvida, foram combustível para eu chegar até aqui. Mas eu mostraria que o menino virou campeão. Que a caça virou caçador".

Não era arrogância. Era questão de honra. Para cravar o feito até ali. Para cravar que 2018 não havia sido sorte, mas sistema. Para provar que consistência é a marca registrada dos verdadeiros campeões.

O ano de 2019 foi diferente de 2018. Não se tratava mais de provar nada para ninguém – mas provar para mim mesmo que eu podia repetir a dose. Que eu não era um meteoro, mas uma estrela fixa.

E aconteceu. Fui novamente campeão, repetindo exatamente o mesmo número de 2018. Não apenas ganhei – fui consistente. E com uma diferença brutal do segundo colocado: R$ 30 milhões em vendas a mais.

Bicampeão. A palavra tinha um peso, um sabor diferente. Não era apenas vitória – era legado.

A DIRETORIA

Dia 10 de dezembro de 2019. Meu celular vibra. Mensagem de Orlando: "Está aqui? Vem na minha sala".

Quando entro na sala dele, sua postura já dizia tudo. Orlando estava ali com uma expressão que misturava respeito e admiração.

"Cézar", ele disse, direto ao ponto, "parabéns pelos seus resultados. Quero te fazer um convite: assumir a diretoria de vendas."

Naquele momento, não tive palavras. Apenas chorava.

Lágrimas quentes descendo pelo rosto, uma mistura de alívio, gratidão, realização. Todos aqueles anos sendo apedrejado quando cheguei na Cyrela, todas aquelas noites em que pensei em desistir, todas aquelas vezes que duvidaram de mim – tudo vinha à tona naquele choro.

Orlando me olhou com uma compreensão profunda: "Eu sei, eu entendo o seu choro. Você aguentou muita pressão, muita porrada. Esse é o choro de 'Eu consegui'".

"É isso, cara. É isso", consegui falar, entre as lágrimas. "E eu vou honrar isso."

Ele continuou: "Seu resultado, sem dúvida, é um dos grandes responsáveis por isso. Mas além do resultado, é sua postura, seu transbordo, o quanto você mudou a mentalidade das pessoas. O quanto você foi positivo para toda a empresa com suas atitudes, seus exemplos. E agora esse transbordo precisa aumentar."

Aos 27 anos, eu me tornava diretor de vendas da Cyrela. Não foi sorte. Não foi acaso. Foi a combinação de estratégia, intensidade, obstinação e uma mentalidade que jamais aceita menos que a excelência.

Mas quando saí daquela sala, uma parte de mim já sabia: campeões nunca se acomodam. Quando você domina um nível, automaticamente seu olhar se volta para o próximo desafio.

Era diretor aos 27. E então? Qual seria o próximo movimento? Que montanha iria escalar agora?

Bem, minha cabeça já era indomável. Eu não tinha o "e agora". Eu encontrava soluções. Eu só tinha um foco: independente do que aconteceria, já seria campeão no primeiro ano. O ano era 2020, ano em que aconteceu a pandemia.

Mandei uma mensagem ao Orlando: "Eu vou subir no palco", dizendo que continuaria campeão, agora como diretor.

Ele respondeu: "Não sei se você irá subir, mas tenho certeza de que fará um trabalho excelente".

Já sabe a minha chama e o fogo que senti naquele momento, né? Risos.

Ali, eu tinha decidido. Mesmo com uma equipe bem menor do que a outra – metade, praticamente, tanto em número de gerentes quanto corretores –, eu sabia que tinha um desafio. Havia assumido três gerentes, sendo que dois tinham sido o último e penúltimo colocado da empresa no ano anterior.

Bem, meu amigo, eu transbordaria novamente a mentalidade campeã para todos eles, e viraríamos o jogo. E viramos.

Porque descobri algo sobre mim mesmo: não nasci para administrar o que já existe. Eu nasci para criar o que ainda não existe.

E quando você chega nessa consciência, quando entende que seu destino não é manter, mas transformar, você sabe que é hora de buscar o próximo nível.

Fomos campeões. 2020, 2021, 2022. Todos os anos. Todos.

ISSO SIGNIFICAVA O QUINTO ANO COMO CAMPEÃO CONSECUTIVO NA EMPRESA. Desde a virada mental, eu não havia conhecido nada que não fosse ganhar. A vitória havia se tornado minha identidade, meu padrão, minha expectativa natural. Não se tratava de provar algo, mas de confirmar o que já sabia: quando você remove completamente a dúvida e abraça a mentalidade campeã, vencer se torna inevitável.

No meu último ano, não era apenas o título. Era legado.

Top 20 corretores do ranking da empresa? Dezoito pertenciam à minha equipe.

Aqui preciso honrar todos os líderes que fizeram isso ser possível junto comigo. Que acreditaram. Aceitaram. Confiaram.

Andressa, Correa, Nadine, Parmejani, Maravelli, Amanda, Tati.

E também a todos os corretores que foram soldados leais e guerreiros. Sempre acreditando.

E um agradecimento gigante honrando Orlando. Que confiou em mim. Me deu toda a pista necessária, com autonomia, para que isso fosse possível.

Mesmo no topo da montanha, meus olhos já procuravam por montanhas ainda mais altas.

A lição mais valiosa? **Jamais sangre em um tanque de tubarões. Seja o tubarão!**

De caça, me transformei em caçador. Descobri o leão que existia dentro de mim. E esse leão estava apenas começando a rugir.

“

QUANDO VOCÊ TRANSFORMA DÚVIDA EM CERTEZA, TRANSFORMA IDENTIDADE. QUANDO TRANSFORMA IDENTIDADE, TRANSFORMA RESULTADO. A VIRADA COMPLETA NÃO SIGNIFICA MUDAR DE CARGO. SIGNIFICA DESCOBRIR QUEM VOCÊ REALMENTE É QUANDO REMOVE TODAS AS DESCULPAS.

”

CAPÍTULO 10

O PRÓXIMO NÍVEL

Em dezembro de 2022, comecei a receber ligações com convite para assumir uma grande operação que estava acontecendo em Canela, no Rio Grande do Sul. A primeira operação da Rede Kempinski, uma das principais redes hoteleiras da Europa, com 125 anos de existência.

Lembram quando contei sobre a proposta de Manaus? De R$ 30 mil por mês, R$ 200 mil de luva? Eu quase aceitei porque estava em dúvida, confuso, questionando meu lugar na Cyrela. Foi ali que aprendi a lição mais valiosa: quando você escuta propostas, é porque está em dúvida do que está fazendo. E dúvida é veneno para o campeão.

Depois daquele episódio, quando tirei a confusão e abracei minha missão, passei anos recebendo ligações, convites para café, propostas tentadoras. Nunca abri conversa. Nunca marquei reunião. Nem sequer retornava as ligações.

Por quê? Porque eu tinha certeza absoluta do que estava fazendo. E quando você tem certeza, não precisa de validação externa. Não precisa ouvir "plano B". Seu ego não precisa ser massageado com outras possibilidades.

Mas em dezembro de 2022, algo tinha mudado. Eu sentia que meu fogo já não era o mesmo. Não era dúvida sobre minha capacidade – era sede por um novo desafio, um novo frio na barriga.

Após algumas insistências, resolvi quebrar minha própria regra e ouvir.

RECONHECENDO OS SINAIS

Mas deixe-me explicar o que significa quando digo que "meu fogo já não era o mesmo". Não era falta de paixão ou comprometimento – era algo mais sutil, mais profundo.

Comecei a notar sinais específicos em mim mesmo. Acordava sabendo exatamente como o dia seria. As reuniões tinham sempre o mesmo fluxo. Os desafios, por maiores que fossem, não me tiravam mais do sério. Era como dirigir uma Ferrari a cinquenta por hora – o motor funcionava perfeitamente, mas não estava sendo usado em sua capacidade máxima.

Percebi que estava executando no piloto automático. Sim, com excelência, sim, com resultados, mas sem aquela adrenalina que me fazia pensar cinquenta vezes mais que uma pessoa normal.

E aqui está uma verdade que poucos falam sobre campeões: nós precisamos do desconhecido como combustível. Quando dominamos um ambiente completamente, quando sabemos todas as respostas antes mesmo de as perguntas serem feitas, começamos a definhar internamente.

O fogo não estava apagando – estava pedindo lenha nova.

Foi quando entendi que havia chegado ao ponto onde muitos campeões se acomodam: o topo da montanha conhecida. Mas verdadeiros campeões não ficam admirando a vista. Eles procuram montanhas mais altas.

E foi exatamente isso que vi naquelas ligações insistentes de Gramado.

Conversei com a minha esposa, e decidimos, juntos, ir até Gramado e Canela, para conhecer o projeto. Fomos no final do ano, entre os dias 17 e 19 de dezembro. A cidade estava linda. E fomos conhecer e ouvir toda a proposta.

O que eu vi ali jamais tinha visto no mercado imobiliário. Fiquei encantado, com a operação, com o modelo de negócio, que não era óbvio. De bate pronto, percebi que era algo disruptivo, mas ao mesmo tempo, como qualquer "novidade", tem seus grandes desafios.

OAE DA OPORTUNIDADE

Mas como exatamente analisei aquela oportunidade? Deixe-me mostrar o processo sistemático que uso para qualquer grande decisão.

- **Observar tudo.** Primeiro, observei o mercado. Gramado e Canela tinham um movimento turístico impressionante, mas o mercado imobiliário de alto padrão estava praticamente inexplorado. Vi filas enormes nos hotéis, restaurantes lotados, mas pouquíssimas opções de investimento imobiliário premium.

Observei também os players: grandes construtoras do país não tinham operações estruturadas na região. Todo espaço vago é uma oportunidade – e ali havia espaços enormes.

- **Autoavaliar tudo.** Olhei para dentro: o que eu tinha de competência para esse desafio?

Não se tratava de tempo de mercado ou currículo. Tratava-se de mentalidade.

1. **Mentalidade que prospera com desafios impossíveis** – eu não apenas aceito o desconhecido, eu me alimento dele. Enquanto outros fogem da pressão, eu corro em direção a ela.
2. **Capacidade de criar do zero** – já havia provado isso na Cyrela. Cheguei sem conhecer ninguém, sem network, sem referências. E construí um império. Não preciso de estrutura pronta, eu crio a estrutura.
3. **Transformar equipes medianas em campeãs** – essa é minha especialidade. Pego pessoas que acham que não conseguem e mostro que elas podem voar. Não aceito "não consigo", não aceito mediocridade, não aceito desculpas.
4. **Régua alta em tudo** – se alguém não tem uma caneta para atender um cliente, não atende. Se gaguejar ao explicar um projeto, sai da ordem. Excelência não é negociável.
5. **Mentalidade que não aceita "nãos"** – quando me disseram que era jovem demais para a Cyrela, provei o contrário. Quando apostaram contra mim, virei campeão. Quando falaram que não daria certo, quebrei recordes.
6. **Fome incontrolável de resultados** – acordo pensando em vitória, durmo pensando em vitória. Não tiro folga, não descanso enquanto não atingir o objetivo. Essa obsessão é minha maior arma.
7. **Capacidade de transbordar mentalidade** – não apenas venço, faço outros vencerem junto. Contamino ambientes com cultura de excelência. Transformo galinhas em leões apenas com meu exemplo e intensidade.

Era isso que eu levava para Gramado. Não experiência técnica – mentalidade inquebrantável.

Mas também vi minhas limitações: não conhecia o mercado local, não tinha rede de contatos na região, seria praticamente começar do zero aos 31 anos.

- **Encontrar os padrões.** O padrão estava claro: todas as vezes que aceitei desafios "impossíveis", foi quando mais cresci.

O PADRÃO TAMBÉM MOSTRAVA: oportunidades verdadeiras sempre vêm disfarçadas de problemas enormes.

Quando você aplica OAE sistematicamente, a decisão fica óbvia. Não se tratava de segurança ou risco – e sim de alinhamento com propósito.

* * *

Mas foi isso que fez meu coração acelerar: Desafio. O desafio de fazer uma operação rodar, de encontrar respostas que ninguém estava conseguindo encontrar.

Escutei tudo com muita atenção, e após muita conversa com minha esposa, na época, noiva, chegamos a uma conclusão: "Vamos assumir esse desafio juntos". 2023 seria o ano do nosso casamento.

O LADO OBSCURO DA DECISÃO

Mas quero que vocês entendam o que realmente acontece na mente de um campeão quando tem que tomar uma decisão dessas.

Por fora, eu mostrava confiança total. Por dentro, minha cabeça não parava. Eram duas da manhã e eu ficava pensando: “E se não der certo? E se eu estiver errando? E se o mercado de Gramado não for o que parece?”.

Teve noite que acordei suando frio, não por medo, mas pela dimensão do que estava considerando. Deixar o topo da Cyrela, onde eu sabia exatamente como vencer, para ir para um lugar onde eu seria novato mais uma vez.

O lado obscuro falava: “Você está louco. Você tem tudo aqui. Por que arriscar?”.

Mas aí entrava meu treinamento mental. Eu sabia que esses medos eram normais, eram até saudáveis. O problema não é ter medo – é deixar o medo tomar as decisões.

Então comecei a conversar comigo mesmo de forma mais racional: “Cézar, o que aconteceu todas as vezes que você sentiu esse frio na barriga? Quando você teve insônias por causa de um desafio?”.

A resposta era clara: todas essas vezes foram preparação para algo maior.

Quando larguei tudo para ir para São Paulo – dei all-in e construí minha carreira do zero. Quando estava nervoso antes de entrar na Cyrela – virei o maior vendedor da história da empresa. Quando não dormia pensando em como ser campeão – quebrei todos os recordes. Quando sentia pressão no peito antes de assumir a diretoria – me tornei o diretor mais jovem.

E aí entendi algo fundamental: se eu não estivesse com aquele medo, não valeria a pena. O medo deve ser sua combustão, sinal de algo maior. Não paralisação.

Ali não seria diferente. Aquela ansiedade, aquele frio na barriga, aquelas madrugadas acordado – eram sinais de que Gramado seria meu próximo grande salto.

CAMPEÕES NÃO FOGEM DA SEGURANÇA - ELES FOGEM DA ESTAGNAÇÃO.

E mais importante: eles transformam medo em combustível.

* * *

Minha esposa, bem-sucedida, médica, já também com sua vida estruturada em São Paulo após anos de muitas batalhas e lutas, não pensou duas vezes: "Eu estou com você. Eu largo tudo, porque sei que você vai voar e que você é feliz buscando os seus sonhos".

Cara, aquilo foi uma grande porrada e um grande ensinamento de vida para mim. Tudo bem, já íamos casar. Mas alguém ter essa atitude, abandonando tudo o que ela já havia criado por si mesma? Para jogar para o alto e assumir esse novo risco comigo? Bem, ali me disse muita coisa. E ela foi peça fundamental para que eu também tomasse coragem.

Decidimos ir. Decidimos ir com tudo.

ESTRATÉGIA NAVY SEAL PARA MUDANÇA

Quando decidi aceitar, não foi uma decisão impulsiva. Foi uma operação militar.

Os Navy Seals têm um protocolo para missões em território hostil: *Reconnaissance, Planning, Execution*. E foi exatamente isso que apliquei.

- ***Reconnaissance* (reconhecimento).** Passei semanas estudando tudo sobre Gramado e Canela. Dados demográficos, sazonalidade turística, concorrentes, perfil do investidor da região. Li relatórios, conversei com corretores locais, analisei preços de metro quadrado dos cinco anos anteriores.

Não era apenas o projeto – era entender o campo de batalha.

- ***Planning* (planejamento).** Criei três cenários: otimista, realista, pessimista. Para cada um, tinha estratégias específicas.

Cenário pessimista: se não funcionasse, quanto tempo levaria para voltar a São Paulo e recomeçar? Cenário realista: que recursos precisaria para estabelecer presença no mercado local? Cenário otimista: como escalar rapidamente se tudo desse certo?

- ***Execution* (execução).** A execução começou antes mesmo da mudança. Networking antecipado, estudo do mercado, preparação mental da equipe (minha esposa).

Navy Seals não improvisam na hora H – eles se preparam tanto que a execução parece automática.

Quando você aplica mentalidade militar numa mudança de vida, transforma ansiedade em preparação, e medo em estratégia.

Quando decidi, chegou a hora de comunicar a Cyrela. Cara, vou te confessar: doeu muito! Não imaginava que fosse doer tanto.

TRANSFORMANDO DOR EM PODER

Mas deixe-me explicar como transformei aquela dor em combustível puro.

A dor de deixar a Cyrela não era apenas saudade – era medo disfarçado. Medo de deixar um legado conhecido por um futuro incerto.

Quando senti aquela dor no peito durante a reunião de demissão, em vez de lutar contra ela, eu a abracei. Pensei: "Essa dor é proporcional ao amor que tenho por esse lugar. E se eu amo tanto assim, imagina o que posso construir com essa mesma intensidade em outro lugar".

A dor se transformou em gratidão. A gratidão se transformou em determinação.

Mas, após a comunicação, todas as mensagens que recebi, as ligações, as homenagens, o impacto que gerou, eu não tinha ideia do tamanho do legado que havia construído. A empresa inteira se mobilizou e me direcionou mensagens, com depoimentos; eu nunca havia tido noção da profundidade de tudo isso.

Aquelas mensagens me mostraram algo poderoso: eu não estava apenas deixando um emprego, estava deixando um exemplo. E exemplos não morrem quando você sai – eles se multiplicam.

Eu sabia, claro, do meu mérito e da minha construção. Mas era muito, muito profundo. Fiquei duas semanas com uma sensibilidade fora do normal. Chorava por qualquer coisa. Mas era um choro de felicidade.

Porque transformei aquelas lágrimas em combustível para o próximo desafio. Cada mensagem de impacto que recebi se tornou uma responsabilidade: mostrar que é possível reinventar-se no auge, não apenas na derrota.

QUANDO VOCÊ TRANSFORMA DOR EM PODER, NÃO APENAS SUPERA A TRANSIÇÃO – VOCÊ ACELERA ATRAVÉS DELA.

Porque, cara, acredite, eu abri mão de muita, de muita coisa. Mas é isso que os campeões fazem. ESCOLHAS! As pessoas não acreditavam que eu estava saindo. Não era óbvio. Mas, em uma carta aberta que escrevi para toda a empresa, quando saí, eu disse: "Eu sempre disse para todos buscarem os seus sonhos de forma incansável. Agora, chegou a minha hora de buscar os meus, de uma forma diferente".

Bem, encontramos nossa casa, preparamos a mudança e fomos até Gramado. Dia 13 de fevereiro de 2023 foi a nossa mudança definitiva. E foi um processo muito importante e muito especial na minha vida.

MANTRAS PARA O DESCONHECIDO

Durante todo o processo de mudança, me sustentei com mantras específicos para navegar o território desconhecido.

- **Toda manhã, antes de qualquer coisa:** "Oportunidade não se pede, se cria. Todo espaço vago em Gramado é minha chance".

- **Quando batia a saudade de São Paulo:** "Tenho eterna gratidão pelo passado, mas eterna insatisfação me move para o futuro".
- **Quando o medo do desconhecido aparecia:** "O ambiente sempre vence. Se estou aqui, é porque estou me tornando parte deste ambiente vencedor".
- **Nos momentos de dúvida:** "Não existem desculpas. Os campeões fazem o que precisa ser feito, onde quer que estejam".
- **Antes de dormir:** "Quando peguei esse osso, decidi roer até o final. Gramado será roído até revelar todos os seus segredos".

Esses mantras não eram apenas palavras bonitas – eram reprogramação mental diária. Sua mente acredita no que você mais repete para ela. E eu repetia vitória em território novo.

A autoconfiança é como um músculo. Durante a mudança, eu a exercitava todos os dias, de todas as formas possíveis.

Porque descobri algo sobre transições: você pode mudar de cidade, de empresa, de desafio – mas sua mentalidade vai com você. E se sua mentalidade é de campeão, você será campeão em qualquer lugar.

* * *

Estava pronto para o próximo capítulo. Achava que sabia o que me esperava. Mas como sempre acontece na vida de um campeão, a realidade seria muito mais desafiadora – e transformadora – do que eu imaginava.

Porque aqui está a verdade sobre buscar o próximo nível: você nunca está realmente pronto. Apenas se torna corajoso o suficiente para começar.

E quando você combina coragem com mentalidade campeã, com estratégia Navy Seal, mantras diários e capacidade de transformar dor em poder, você não apenas sobrevive à transição.

Você a domina.

CAPÍTULO 11

A LADEIRA DA REFLEXÃO

Quando chegamos a Gramado, foi tudo muito maravilhoso. Foi um choque de realidade positivo. Você sair de São Paulo e chegar a Gramado – uma cidade linda, clima gostoso, segurança, qualidade de vida. Até o tempo que você ganha de produtividade, sem deslocamento, sem trânsito, sem poluição.

No começo, eu tinha certeza de que não sairíamos de Gramado. Ficamos realmente encantados. Estava muito feliz com o momento que estávamos vivendo. Mas, obviamente, o começo é sempre muito bonito, sempre muito gostoso.

Eu estava no meu segundo, terceiro mês, voltando para casa uma noite, muito reflexivo. Era muito desafiador, muito além do que imaginava. Dentro do condomínio onde morava, com meu carro, passo em uma subida, uma ladeira, e paro ele definitivamente.

Boto minhas duas mãos sobre as pernas e começo a pensar: "O que eu fiz? Por que vim pra cá? Por que saí da Cyrela?". Eu estava bem, consolidado, crescendo, era campeão, tinha meu espaço respeitado. Este ano vou casar, minha esposa estava bem, a gente estava bem.

Ali comecei a me questionar muito sobre minha decisão. Falei: "Cara, tomei a decisão errada. Não era pra ter saído da Cyrela. Minha esposa largou tudo!". Comecei realmente a me questionar muito.

O LADO OBSCURO DA LADEIRA

Mas quero que vocês entendam o que realmente aconteceu naquele carro, naquela ladeira. Os pensamentos que ninguém vê, que nenhum campeão conta.

Porque por fora eu sempre mostro confiança. Nas reuniões, nos posts, nas conversas – sempre o cara que tem tudo sob controle. Mas ali, sozinho naquele carro, desabou tudo.

Comecei a tremer. Não de frio – de desespero mesmo. As mãos suavam, o coração batia a mil por hora. Pensei: "Eu destruí minha vida. Destruí a vida da minha esposa. Sou um irresponsável".

E aí veio o pior pensamento de todos: "Todo mundo em São Paulo estava certo. Eu estava no auge, era para ter ficado quieto. Agora vou ter que voltar derrotado, com o rabo entre as pernas".

Imaginem vocês: o cara que sempre disse "não existem desculpas", que sempre falou "os campeões fazem o que precisa ser feito", ali pensando em desistir. Ali sendo humano, vulnerável, com medo.

Chorei naquele carro. Chorei como uma criança. Não lágrimas de gratidão como quando saí da Cyrela – lágrimas de pavor, de arrependimento, de "e agora, o que eu faço com a minha vida?".

Esse é o lado obscuro que todo campeão tem, mas poucos admitem. Nós também temos medo. Nós também duvidamos. Nós também queremos voltar para a zona de conforto quando a coisa aperta.

A diferença não é não sentir isso. A diferença é o que você faz quando sente.

NAVY SEALS DA MENTE

E foi aí que tive que aplicar disciplina militar na minha própria mente. Porque se você não controla seus pensamentos, eles controlam você.

Navy Seals têm um protocolo para quando estão em território hostil e as coisas dão errado: *stop*, *breathe*, *think*, *act*.

STOP – Parei de alimentar o pânico. "Cézar, para. Agora."

BREATHE – Respirei fundo, profundamente, como se estivesse me preparando para uma apresentação importante.

THINK – "Ok, você está em pânico. Isso é normal. Agora vamos pensar como um estrategista, não como uma vítima."

ACT – Foi aí que comecei a análise racional.

PORQUE AQUI ESTÁ A VERDADE: quando você está em crise, sua mente vira inimiga. Ela só mostra o que pode dar errado, só foca os problemas, só enxerga o fracasso.

Mas você pode treinar sua mente como um soldado de elite treina para não entrar em pânico no campo de batalha.

Falei comigo mesmo: "Você tem dois caminhos. Ou deixa as emoções comandarem e toma uma decisão baseada em medo, ou usa a racionalidade e toma uma decisão baseada em dados".

Emoções enfraquecem. E eu não podia me permitir enfraquecer naquele momento.

OAE DA CRISE

Então comecei a fazer uma análise sistemática, usando a técnica que me salvou tantas vezes: OAE.

- **Observar tudo.** O que exatamente estava acontecendo? Observei friamente:
  - » Resultado financeiro ainda não apareceu (normal nos primeiros meses).
  - » Mercado de Gramado mais complexo do que imaginava (desafio, não fracasso).
  - » Equipe ainda em formação (processo natural).
  - » Eu mesmo fora da zona de conforto (exatamente onde preciso estar para crescer).
- **Autoavaliar tudo.** O que mudou em mim desde que cheguei?
  - » Estava mais ansioso? Sim. (Mas ansiedade em território novo é normal.)
  - » Estava trabalhando menos? Não. (Estava dando tudo de mim.)
  - » Estava aplicando minha metodologia? Sim. (Só precisava de mais tempo.)
  - » Havia perdido minha competência? Não. (Apenas precisava adaptar ao mercado local.)

- **Encontrar os padrões.** E foi aí que veio a revelação. Dividi em fases:

  » **Fase 1** – quando saí de Rio Claro para São Paulo.
  » **Fase 2** – primeira gerência.
  » **Fase 3** – Cyrela.
  » **Fase 4** – diretor de vendas.
  » **Fase 5** – aquela que estava vivendo.

Perguntei para mim mesmo: "O que mudou do Cézar entre a fase 1 e hoje?". Várias coisas. Sou mais maduro, tenho mais independência financeira, mais conhecimento, mais vivência. Mas aí fiz a pergunta crucial: "O que NÃO mudou?".

Encontrei a resposta: **todas as vezes, no começo, me questionei se tinha tomado a decisão certa.** Todas as vezes! Fase 1: "O que vim fazer em São Paulo?". Fase 2: "Por que aceitei virar gerente?". E assim sucessivamente.

O PADRÃO ESTAVA CLARO: eu SEMPRE duvidava no início. E eu SEMPRE acertava no final.

TRANSFORMANDO DÚVIDA EM DETERMINAÇÃO

Ali, naquele carro parado na ladeira, tive uma das maiores revelações da minha vida. Um padrão que se repetia havia mais de uma década. E se era um padrão, significava que eu poderia usar isso a meu favor.

Mas deixe-me explicar como exatamente transformei aquela angústia em combustível.

Primeiro, parei de lutar contra a dúvida. "Ok, Cézar, você está com medo. Você está inseguro. E daí? Isso é novo? Não. Isso te atrapalhou antes? Não."

Segundo, ressignifiquei a dor. Aquela angústia no peito não era sinal de erro – era sinal de crescimento. Só sente dor quem está saindo da zona de conforto. Só sente medo quem está indo para um lugar maior.

Terceiro, usei a dúvida como energia. "Se você está duvidando tanto, é porque esse desafio é grande demais para a sua versão atual. Então você precisa crescer. E crescer dói."

Quarto, lembrei do meu propósito. Por que vim para Gramado? Para construir algo novo. Para provar que posso vencer em qualquer território. Para não me acomodar no sucesso já conquistado.

E então aconteceu algo poderoso: a dúvida se transformou em determinação. A angústia se transformou em foco. O medo se transformou em coragem.

Porque entendi que aquele momento de dúvida não era minha fraqueza – era minha preparação para algo maior.

MANTRAS PARA O VALE DA SOMBRA

Quando comecei a sair daquele estado, precisei de mantras específicos para reprogramar minha mente ali mesmo, em tempo real.

- **Para parar o pânico:** "Pare. Respire. Pense. Aja. Você já passou por isso antes".
- **Para controlar as emoções:** "As emoções enfraquecem. Use a razão. Use os dados. Use os padrões".
- **Para se lembrar do propósito:** "Você não veio para Gramado para ser mediano. Veio para ser excepcional".

- **Para usar a dor como combustível:** "Esta dor é preparação. Esta dúvida é crescimento. Este medo é oportunidade".
- **Para se lembrar da identidade:** "Você é um campeão. Campeões não desistem no primeiro obstáculo. Campeões roem o osso até o final".
- **Para conectar com o padrão descoberto:** "Você sempre duvidou no começo. E sempre venceu no final. Este não será diferente".

Esses mantras não eram apenas palavras bonitas – eram comandos diretos para meu subconsciente. Eram a reprogramação mental que eu precisava naquele momento crítico.

SUA MENTE ACREDITA NO QUE VOCÊ MAIS REPETE PARA ELA.

E ali, naquele carro, eu precisava repetir vitória, não derrota.

O PADRÃO QUE LIBERTA

A descoberta daquele padrão foi muito mais poderosa do que imaginei. Porque quando você identifica um padrão na sua vida, ganha um superpoder.

O padrão me mostrou três verdades fundamentais:

- **Primeira verdade:** eu sempre duvido no início de grandes mudanças. Isso não é fraqueza – é como meu cérebro processa grandes desafios.
- **Segunda verdade:** essas dúvidas sempre foram seguidas de grandes vitórias. São Paulo, Cyrela, diretoria – todas começaram com dúvida e terminaram com conquista.
- **Terceira verdade:** se estou duvidando, é sinal de que o desafio é proporcional ao meu crescimento potencial.

Então comecei a usar esse padrão como vantagem estratégica. Toda vez que sentir aquela dúvida familiar, em vez de me assustar, vou pensar: "Pronto. Chegou a hora de crescer de novo".

Transformei minha suposta fraqueza na minha maior força. Transformei meu padrão de dúvida no meu sistema de identificação de oportunidades.

Porque aqui está o que aprendi naquela ladeira: padrões não são prisões – são códigos. E quando decifra seus próprios códigos, você se torna imparável.

Era hora de aplicar a lição mais importante que a vida tinha me ensinado: confiar no processo, mesmo quando o processo dói.

Liguei o carro, desci a ladeira e entrei em casa com uma clareza que não tinha havia meses.

O medo continuava lá. Mas agora ele era meu aliado, não meu inimigo.

Porque descobri que a diferença entre campeões e pessoas comuns não é a ausência de medo – é a capacidade de transformar medo em combustível.

E naquela noite, saí da ladeira mais forte do que entrei.

CAPÍTULO 12

DEUS NÃO MULTIPLICA A CONFUSÃO

Todo início tem seus momentos de provações. Todo início não é óbvio. Quando você pede a chuva, tem que aguentar a lama. Quando pede por algo, tem que aguentar o processo. Você acha que vai pedir por algo grande, significativo, e vai ser fácil? Não vai.

Comecei a dizer isto para mim mesmo: todas as vezes eu pedi por aqueles momentos. Pedi para estar em São Paulo, pedi para virar gerente, pedi para estar na Cyrela, pedi para ser diretor, pedi um novo desafio. Então eu pedi, e Deus me deu. E eu estou achando que vai ser fácil?

Em todas as vezes, TODAS as vezes, tirei a dúvida da minha cabeça. Todas as vezes tive um ponto de inflexão. Falei: "Eu escolhi isso aqui. E como eu escolhi isso aqui, eu não tenho plano B. Eu só tenho plano A".

O PROCESSO DA REPROGRAMAÇÃO

Deixe-me explicar exatamente como funciona na prática "tirar a dúvida da cabeça". Porque não é algo místico ou abstrato – é um processo sistemático que qualquer pessoa pode aplicar.

Primeiro, identifiquei que a dúvida não era um sentimento – era um hábito mental. Meu cérebro havia se acostumado a questionar minhas decisões toda vez que apareciam obstáculos.

Então criei um protocolo de cinco passos que apliquei religiosamente:

1. **Interrupção.** Toda vez que percebia o pensamento "e se eu estiver errado?" surgindo, eu falava alto: "PARA!". Literalmente. Interrompia o padrão mental na hora.
2. **Ressignificação.** "Cézar, você não está errado. Você está crescendo. Dificuldade não é erro – é processo."
3. **Evidências.** Listava mentalmente todas as evidências de que estava no caminho certo: minha competência, minha experiência, o padrão histórico de vitórias.
4. **Reafirmação.** "Eu escolhi estar aqui. Esta é minha decisão. Não existe plano B."
5. **Ação.** Imediatamente após isso, fazia algo prático relacionado ao objetivo. Ligava para um cliente, estudava o mercado, conversava com a equipe.

Esse processo não era feito uma vez – era feito dez, vinte vezes por dia no início. Porque reprogramar a mente exige repetição constante até se tornar automático.

MANTRAS PARA A CERTEZA ABSOLUTA

Durante esse processo de reprogramação, me sustentei com mantras específicos. Frases que repetia para mim mesmo centenas de vezes por dia.

- **Ao acordar:** “Não existem desculpas. Eu faço o que precisa ser feito, aqui e agora”.
- **Quando a dúvida aparecia:** “Deus não multiplica a confusão. Minha certeza atrai certeza”.
- **Durante os desafios:** “Eu pedi por isso. Eu escolhi isso. Eu transformo isso em vitória”.
- **Nos momentos difíceis:** “As emoções enfraquecem. Minha razão comanda. Minha convicção vence”.
- **Antes de dormir:** “Hoje agi com certeza. Amanhã agirei com ainda mais certeza”.
- **Para eliminar o “mas”:** “Não existe ‘mas’. Existe apenas ‘como’. Como vou resolver. Como vou vencer”.

Esses mantras não eram apenas palavras – eram comandos diretos para meu subconsciente. Era como instalar um novo software na minha mente, programado para certeza absoluta.

A autoconfiança é como um músculo. E eu exercitava esse músculo a cada mantra, a cada repetição, a cada momento de escolha consciente pela certeza.

NAVY SEALS DA CONFIANÇA

Manter certeza absoluta exige disciplina militar. Porque a dúvida é como um inimigo persistente – sempre tentando voltar.

Os Navy Seals têm um princípio: "Discipline equals freedom" (Disciplina é igual a liberdade). Adaptei isso para: "Certeza disciplinada é igual a resultados inevitáveis".

Criei um protocolo militar para manter confiança:

- **Inspeção mental matinal.** Todo dia, ao acordar, verificava meu estado mental como um soldado inspeciona seu equipamento. "Como está minha certeza hoje? Sólida? Então vamos para a batalha."
- **Protocolo antidúvida.** Quando a dúvida tentava aparecer: *Stop*, *Identify*, *Counter*, *Attack*.

  » *Stop*: pare o pensamento.
  » *Identify*: "Esta é uma dúvida tentando me enfraquecer".
  » *Counter*: "Eu não aceito dúvida na minha mente".
  » *Attack*: imediatamente ajo com certeza absoluta.

- **Treinamento diário.** Como soldados treinam tiro todo dia, eu treinava certeza todo dia. Situações hipotéticas: "E se isso der errado?". Resposta automática: "Não vai dar. Eu não permito".
- **Nunca recuar.** Navy Seals não recuam. Eu não recuava na minha convicção. Uma vez decidido, era para a frente, sempre.

A disciplina militar me ensinou que confiança não é sentimento – é decisão. E decisões se mantêm com disciplina, não com vontade.

OAE DA CERTEZA

Mas quero mostrar como apliquei minha técnica OAE especificamente para construir certeza inabalável.

- **Observar tudo.** Comecei a observar padrões: quando eu agia com dúvida vs. quando agia com certeza.
    - » Com dúvida: pessoas percebiam, resultados eram medíocres, energia baixa.
    - » Com certeza: pessoas compravam a ideia, resultados apareciam, energia alta.
- **Autoavaliar tudo.** Avaliei honestamente meu estado mental diário:
    - » Manhãs: geralmente mais confiante.
    - » Tardes: tendência a questionar.
    - » Noites: precisava reforçar certeza para o dia seguinte.
- **Encontrar os padrões.** O padrão estava claro: minha certeza flutuava baseada em resultados externos. Quando coisas iam bem, eu estava confiante. Quando havia obstáculos, duvidava.

Mas campeões não podem depender de fatores externos para manter certeza. Precisam gerar certeza internamente, independentemente das circunstâncias.

Por isso criei o que chamei de "certeza blindada" – convicção que não depende de validação externa, apenas da decisão interna de manter-se certo.

AMBIENTE MENTAL DE VITÓRIA

Descobri também que certeza não existe no vácuo – ela precisa de um ambiente mental que a sustente.

Então comecei a criar meu ambiente mental de vitória:

- **Eliminação de inputs negativos.** Parei de consumir notícias negativas, conversas pessimistas, pessoas que duvidavam. Se não alimenta minha certeza, não entra na minha mente.
- **Criação de âncoras de certeza.** Coloquei lembretes visuais por toda parte: fotos das minhas vitórias passadas, frases motivacionais, símbolos do que queria conquistar.
- **Cerco de confiança.** Cerquei-me apenas de pessoas que acreditavam no projeto. Não por arrogância, mas por necessidade estratégica. O ambiente sempre vence.
- **Rotina de reforço.** Todo dia, antes de qualquer coisa, eu reforçava minha certeza com visualização, mantras, revisão dos objetivos. Como tomar vitamina – dose diária de convicção.
- **Celebração de pequenas vitórias.** Cada pequeno progresso era celebrado como evidência de que estava no caminho certo. Isso alimentava um círculo virtuoso de certeza crescente.

Transformei minha mente num bunker de certeza – nada de negativo entrava, só energia de vitória permanecia.

O TRANSBORDO EM AÇÃO

Eu tirei a dúvida, tirei a palavra "mas". A palavra "mas" te ilude, te atrasa, te limita. Entendam uma coisa: **Deus não multiplica a confusão.**

Quando você tem dúvida, está confuso. Quando há confusão, não há multiplicação, você não rompe barreiras.

A partir daquele dia, tirei a dúvida de dentro da minha cabeça e do meu coração. No dia seguinte eu era outra pessoa, outro profissional. Comecei a encontrar respostas que não tinha. Comecei a encontrar caminhos, soluções.

Mas deixe-me mostrar como essa transformação se manifestou na prática, no transbordo para minha equipe.

- **Mudança na linguagem.** Antes: "Vamos tentar isso..."; "Talvez funcione..."; "Espero que dê certo...". Depois: "Vamos fazer isso"; "Isto vai funcionar"; "Isto dará certo".
- **Mudança na postura.** Antes: chegava nas reuniões com semblante preocupado, gesticulava ansiosamente Depois: postura ereta, olhar direto, movimentos decididos.
- **Mudança nas decisões.** Antes: pesquisava exaustivamente, pedia opiniões de todos, adiava decisões Depois: analisava rapidamente, decidia com convicção, agia imediatamente
- **Mudança no impacto.** A equipe começou a me ver diferente. "Cézar está diferente. Mais seguro." E essa segurança era contagiosa. Quando o líder demonstra certeza absoluta, a equipe compra a visão automaticamente.

Comecei a transbordar a certeza para as pessoas que estavam ao meu lado. Porque as pessoas sentem o que você sente. Você como líder transmite aquilo que está dentro do seu coração, e o transbordo é inevitável. O transbordo de coisas boas, positivas, sem dúvidas, transborda em mais e mais e mais.

EXEMPLOS CONCRETOS DO TRANSBORDO:

- Cliente hesitante: minha certeza o convencia mais que argumentos técnicos.
- Equipe insegura: minha convicção os fazia acreditar no projeto.
- Parceiros duvidosos: minha determinação os engajava na operação.

A DIFERENÇA ERA BRUTAL: quando eu agia com dúvida, todos duvidavam. Quando eu agia com certeza, todos acreditavam.

Quero dizer isto para todos vocês: todas as vezes até aqui eu tive muitas dúvidas, sim. Mas em todas as vezes decidi que faria acontecer. Quando você tem convicção, quando tem certeza, você transforma o duvidoso em certo. Transforma o que talvez não fosse tão bom em muito bom.

E o oposto é verdadeiro: quando você não tem certeza, quando não tem convicção, o que é certo, o que é bom, o que é ótimo, o que é óbvio, se torna ruim e não óbvio e não certo.

A partir daquele momento na ladeira, tudo mudou. A operação do Kempinski começou a fluir, as respostas apareceram, os desafios se tornaram oportunidades. Não porque os problemas desapareceram, mas porque mudei a forma de enxergá-los.

E com essa nova energia, com essa certeza blindada, com essa disciplina militar aplicada à confiança, 2023 se tornou um ano extraordinário em todos os sentidos.

Porque aprendi que Deus realmente não multiplica a confusão. Ele multiplica a certeza. E certeza se constrói com disciplina, se mantém com mantras, se fortalece com ambiente correto e se multiplica através do transbordo.

QUANDO ELIMINA COMPLETAMENTE A DÚVIDA DA SUA MENTE, VOCÊ NÃO APENAS MUDA SUA VIDA - MUDA A VIDA DE TODOS AO SEU REDOR.

E isso é o poder real da certeza absoluta.

CAPÍTULO 13

O CASAMENTO E A DESCOBERTA

Meu casamento aconteceu no dia 23 de março de 2023, nosso casamento no civil. Depois casamos diante do nosso Pai, Deus, com uma festa com grandes amigos, no dia 24 de junho de 2023. Uma festa linda, maravilhosa, em uma fazenda localizada na cidade de Santa Gertrudes, interior de São Paulo, ao lado de Rio Claro, minha cidade natal.

QUANDO DOIS CAMPEÕES SE ENCONTRAM

Antes de falar sobre o casamento em si, deixe-me explicar algo fundamental que poucos abordam: como um casamento de verdade acontece.

PORQUE AQUI ESTÁ UMA VERDADE QUE DESCOBRI NA PELE: campeão não se casa com qualquer um. **Campeão se casa com outro campeão.**

Quando conheci a Rafaella, não foi eu escolhendo ela. Foram dois campeões se reconhecendo na arena da vida. Ela não precisava da minha aprovação – ela já tinha construído sua própria jornada. Médica bem-sucedida, com independência conquistada, suas próprias vitórias, identidade forjada no trabalho e na vida.

Para um casamento funcionar entre campeões, devem existir critérios que ambos reconhecem:

1. **Mentalidade compatível.** Não é uma pessoa aceitar a ambição da outra. É duas pessoas que respiram crescimento. Rafaella não apenas entendia minha necessidade de nunca parar – ela tinha a sua própria. Duas mentes inquietas e obstinadas na construção do futuro.
2. **Fortaleza genuína.** Ser casado com campeão não é fácil. Ser campeã casada com campeão é ainda mais brutal. As pressões são duplas, os desafios se multiplicam. Nós precisávamos um do outro como rocha quando a base tremesse, e como vento quando fosse hora de voar mais alto.
3. **Visão alinhada.** Quando falei sobre Gramado, ela não hesitou. "Eu estou com você." Não por dependência, mas porque via o que eu via. Porque campeões reconhecem oportunidades, mesmo quando elas parecem loucura para os outros.
4. **Força independente.** Eu não queria uma seguidora – encontrei uma líder. Alguém que tivesse suas próprias vitórias, sua própria identidade forjada no fogo. Só pessoas fortes conseguem apoiar outras pessoas fortes sem se perder no processo.

Foi isto que aconteceu conosco: não foi sonho romântico, foi reconhecimento real. E essa escolha mudou tudo – porque quando dois campeões se encontram, eles não somam forças, eles multiplicam possibilidades.

A PARCERIA DE ALTA PERFORMANCE

Ali foi onde começamos a amadurecer muito como casal. Minha esposa foi essencial em toda essa fase, porque ela não foi apenas minha guerreira – ela foi minha parceira de guerra.

COMPROMISSO TOTAL

Campeões não abandonam. No casamento, aplicamos o mesmo princípio: nunca abandonar um ao outro, independentemente da situação. Situação desafiadora? Enfrentamos como time. Momentos de dúvida? Como aliados obstinados.

- **Comunicação direta.** Estabelecemos comunicação cristalina: sem joguinhos, sem suposições, sem "adivinha o que estou pensando". Problema aparece? Conversamos na hora, cara a cara, verdade limpa.
- **Missão compartilhada.** Nossa missão é clara: construir algo extraordinário juntos. Cada decisão a gente avalia em conjunto: isso aproxima ou nos afasta do que queremos? Mudança para Gramado? Decisão tomada a quatro mãos. Sacrifícios pessoais? Parte da nossa jornada comum.
- **Crescimento contínuo.** Conversas constantes sobre como ser melhor parceiro, como apoiar melhor, como crescer juntos. Relacionamento é habilidade que se treina, músculo que se fortalece, mentalidade que se aprimora.
- **Compromisso definitivo.** Quando decidimos nos casar, não havia plano B. Era para sempre, em qualquer circunstância. Essa certeza absoluta nos dava força para enfrentar qualquer tempestade.

OAE DO RELACIONAMENTO

Ela cuidou da nossa casa, me apoiou, sempre foi a minha base forte até aqui. Sem ela nada seria possível, sem ela não teria conseguido. Foi por ela, para ela, e eu sou muito grato por tudo que ela fez para mim até aqui.

Quero mostrar como se aplica a técnica OAE, de que muito falo nos capítulos anteriores, também em um relacionamento. E isso pode mudar tudo dentro da sua casa e na sua visão de relacionamento:

- **Observar tudo.** Observamos padrões no nosso relacionamento:

    - » Quando somos mais unidos? Nos momentos de desafio.
    - » Quando brigamos? Quando estamos estressados externamente.
    - » O que fortalece nossa conexão? Projetos em comum, objetivos compartilhados.
    - » O que nos afasta? Falta de comunicação, suposições.

- **Autoavaliar tudo.** Cada um avalia seu papel: Eu: "Estou sendo parceiro ou só focando o trabalho? Estou incluindo ela nas decisões? Estou reconhecendo seus sacrifícios?". Ela: "Estou apoiando ou cobrando? Estou comunicando minhas necessidades? Estou crescendo junto ou só acompanhando?".
- **Encontrar os padrões.** O padrão principal: quando agimos como TIME, somos imbatíveis. Quando cada um puxa para seu lado, enfrentamos problemas.

Descobrimos que nosso relacionamento é mais forte quando:

- Temos objetivos claros em comum.
- Comunicamos expectativas abertamente.
- Celebramos vitórias juntos.
- Enfrentamos problemas como aliados, não como adversários.

Esse processo OAE transforma nosso relacionamento em sistema de alta performance.

Talvez você se pergunte: alta performance em relacionamento? Até aqui tem essa pressão por resultado?

A resposta é SIM.

E se você não aceitar essa verdade, seu relacionamento vai desmoronar.

Tudo na vida baseia-se em resultado. Tudo. Absolutamente tudo. E relacionamento não é exceção à regra.

Se vocês não estão crescendo juntos, estão morrendo juntos. Se não estão se comunicando melhor, estão se afastando. Se não estão construindo algo maior, estão destruindo o que tinham.

Resultado em casa não é frieza – é cuidado real. É se importar o suficiente para não deixar as coisas no automático. É tratar seu relacionamento com o mesmo profissionalismo com que você trata sua carreira.

Porque aqui está a verdade que ninguém quer ouvir: **resultado começa dentro de casa.** Se você não consegue alta performance com quem dorme do seu lado, como vai conseguir alta performance em qualquer outra área da vida?

A REALIDADE DE DOIS CAMPEÕES

Aquele ano foi um ano esplêndido, em que as coisas começaram a acontecer.

Mas preciso ser honesto sobre algo que poucos falam: quando dois campeões se unem, a intensidade multiplica. E isso exige entendimento mútuo de cenários que pessoas comuns não vivem.

- **A intensidade que nunca para.** Eu não "desligo". Quando acordo, já estou pensando no dia. No jantar, estou processando resultados. Na cama, estou planejando o amanhã. Rafaella entendeu desde o início que precisava conviver com uma mente que nunca para – e mais que isso, ela se tornou minha âncora nesse turbilhão constante.
- **A pressão por excelência.** Eu cobro excelência de mim, e naturalmente isso transborda para tudo ao redor. Ela sentiu essa pressão de estar sempre "à altura", mas, ao invés de reclamar, me mostrou que relacionamento também precisa ser prioridade. E fez isso com uma sabedoria que me impressiona até hoje.
- **Os sacrifícios necessários.** Ela largou São Paulo, a carreira estabelecida, a zona de conforto. Mas não foi sacrifício cego – ela entendia o plano. Via o mesmo futuro que eu via. Compreendia que algumas decisões dolorosas no presente geram resultados extraordinários no futuro.

A MONTANHA-RUSSA EMOCIONAL

Campeão vive extremos: euforia nas vitórias, pressão nos desafios. Ela aprendeu a ser minha base nos picos e minha energia nos vales. Mas o mais importante: fez isso mantendo sua própria identidade, suas próprias ambições, seus próprios objetivos.

Ela não apenas suporta a realidade de viver com um campeão – ela participa dela. Compreende que a intensidade não é defeito, é combustível. Entende que a pressão não é problema, é processo.

E por isso somos imbatíveis: porque dois campeões que se entendem não somam forças – eles multiplicam possibilidades.

AMBIENTE DE VITÓRIA EM CASA

Deixe-me explicar como transformamos nossa casa em santuário de vitórias.

Descobrimos algo poderoso: o ambiente sempre vence. E se você quer vencer fora de casa, precisa criar ambiente vencedor dentro de casa.

- **Zona livre de toxicidade.** Nossa casa se tornou santuário. Nada de reclamação, nada de negatividade gratuita, nada de energia baixa. Problemas existem, mas são discutidos como oportunidades, não como dramas.
- **Celebração constante.** Cada pequena vitória é celebrada em casa. Fechamos algo? Conquistamos algo? Sempre celebramos e vibramos! Criamos cultura na qual cada vitória – grande ou pequena – é combustível para a próxima.
- **Apoio estratégico.** Ela organiza a casa de forma que eu possa focar o que importa. Mas não por submissão – por parceria estratégica. Ela entende que sua contribuição é fundamental para nossas vitórias.
- **Energia renovada.** Casa é local de recarga positiva. Chego cansado, ela me faz ficar energizado. Deixamos o ambiente sempre acolhedor, sempre limpo e organizado.

Nossa casa é nossa maior vantagem competitiva.

A DESCOBERTA DA GRAVIDEZ

Nós estávamos em Rio Claro, minha cidade natal, para passar o ano-novo com as nossas famílias juntas. E ela acordou chorando, acordou nervosa, dizendo que queria comer um misto quente naquele momento, de uma padaria específica. Ali eu não entendia nada.

E falei para ela: "Você está grávida, só pode". Ela falou: "Não estou grávida". E então eu falei que ia comprar um teste de gravidez.

No dia 31 de dezembro de 2023, às seis da tarde, horas antes de a gente comemorar um novo ano, uma nova fase, descobrimos a gravidez da Rafa. Um dia muito especial.

Fizemos o teste duas vezes. Foi muito emocionante, porque a gente sabia que tinha passado por um ano desafiador, mas de muitos aprendizados, muita união, muitas respostas. E aquele ano se encerrava com Deus mandando isso para a gente.

Era um recado: "Este ano está se encerrando com a notícia de que vem uma cria de vocês, que vai fazer o próximo ano ser mais abundante ainda de bênçãos na vida de vocês".

E 2024 começou de uma forma muito especial. A operação do Kempinski Laje de Pedra estava rodando, as respostas apareceram, a gente estruturando cada vez mais a operação. Foi mais um ano de muita união, de muito trabalho.

Mês a mês a gente esperava com uma expectativa deliciosa, acompanhando cada movimento, cada mudança no corpo da Rafaella. Até que veio o momento de descobrir: seria **Cézar Augusto Haik Neto**.

Quando descobrimos, algo dentro de mim se quebrou – no melhor sentido.

Meu filho carregaria o nome que eu carrego. O nome que meu pai carregou. Uma corrente que parecia ter sido interrompida quando perdi meu pai, aos 6 anos, agora ganhava um novo elo. O menino que nasceria traria de volta à vida um nome que significa tudo para mim.

Entendi que Deus estava escrevendo uma história maior que eu. Uma história de continuidade, de legado, de ciclos que se fecham e se abrem ao mesmo tempo.

Nós nos preparamos durante os meses seguintes com uma felicidade que eu nunca havia sentido. Cada ultrassom, cada movimento dele dentro da barriga da Rafaella, cada preparativo para sua chegada – tudo tinha um sabor diferente.

Eu sabia que estava prestes a conhecer meu maior motivo para continuar sendo campeão.

E aqui está o que aprendi: quando dois campeões se encontram e decidem construir algo juntos – escolhendo com critério, aplicando disciplina emocional, usando técnicas sistemáticas, criando ambiente de vitória –, não há apenas um casamento.

- **Há uma parceria que multiplica conquistas.**
- **Há uma base sólida que permite voar mais alto.**
- **Você tem alguém que não apenas apoia seus sonhos, mas também sonha na mesma frequência.**

Quando 2024 chegou ao fim e começamos a planejar 2025, eu achava que sabia exatamente qual seria o próximo passo. Mas a vida, mais uma vez, tinha outros planos para mim.

E, dessa vez, nós estávamos prontos para enfrentar juntos, com toda a força de um relacionamento construído entre dois campeões.

CAPÍTULO 14

FASE 6 - O PRÓXIMO ALL-IN

No final de 2024, eu e Rafaella tivemos uma conversa definitiva: traçaríamos um plano para ao final de 2025 iniciarmos nossa volta para São Paulo. O cronograma estava desenhado; os prazos, definidos.

Porém, a vida nos pegou de surpresa.

O MOMENTO DA VIRADA

Eu já estava incomodado por uma série de questões que foram se acelerando no início do ano.

Mas deixe-me explicar como minha mente de campeão processou essa inquietação crescente.

Eu estava aplicando minha técnica OAE constantemente. **Observava** que algo estava fora de sintonia, mas ainda não conseguia definir exatamente o quê. **Autoavaliava**: "Este ambiente está me potencializando ou me limitando? Estou conseguindo operar na minha velocidade natural ou estou sendo obrigado a desacelerar?".

E então **encontrei o padrão**: Gramado é deliciosa. Canela também. Mas são cidades com suas limitações. Mais calmas, lentas, mais paradas. E eu precisava do caos.

Porque O AMBIENTE SEMPRE VENCE. E aqui estava minha grande descoberta: por mais que eu ame Gramado, por mais que tenha sido um período fundamental, eu não pertencia àquele ritmo.

Eu sou um **velocista**. Eu preciso da performance constante, da pressão, da velocidade. São Paulo tem o caos de que preciso para funcionar no meu máximo. Mas não é só o caos da cidade – é a velocidade de pensamento, a velocidade de decisão, a intensidade de quem respira no mesmo ritmo que eu.

As oportunidades que estavam surgindo ganhavam velocidade a cada semana, e eu sentia que estava sendo limitado não apenas pelo ambiente físico, mas também pela própria dinâmica ao meu redor. Eu precisava estar junto de pessoas que pensassem no meu ritmo, que entendessem a urgência, que respirassem a mesma ambição.

Não era conforto – era incompatibilidade de frequências. Minha natureza campeã estava pedindo mais pista, mais desafios, mais pessoas que corressem na mesma direção.

A CLAREZA ESPIRITUAL

Fiz o Legendários, um retiro de conexão espiritual, e nele tive uma certeza absoluta: **eu precisava acelerar minha volta para SP!**

> **E AQUI ESTÁ ALGO QUE APRENDI: momentos de clareza não vêm por acaso.** Eles vêm quando você está pronto para receber a resposta.

Quando sua mente consciente para de brigar com sua intuição e permite que a verdade emerja.

Durante aqueles dias de retiro, longe do barulho, longe das pressões cotidianas, minha mente campeã conseguiu **conectar todos os pontos**. As inquietações dos últimos meses, a sensação de limitação, a velocidade das oportunidades que surgiam – tudo ganhou sentido.

A VIDA NÃO ESPERA SEUS PLANOS. ELA ACELERA QUANDO VOCÊ ESTÁ PRONTO.

E eu estava mais que pronto.

CRIANDO A FASE 6

Nessa mesma semana, aconteceu algo que mudaria tudo.

A Fase 6 começou por meio de uma oportunidade que **eu criei** junto com meus sócios atuais, Flávio Augusto da Silva, Caio Carneiro e Joel Jota, no mercado imobiliário.

Estávamos indo para Florianópolis fazer um evento do mercado imobiliário para uma construtora que faz parte de todo o nascimento do nosso negócio atual. Fomos no avião do Flávio, nós quatro, e a energia já era diferente desde a decolagem.

Mas foi na volta que tudo se definiu.

Lá em cima, nos céus, conversando com eles, eu tive uma **certeza absoluta**: tinha que voltar para São Paulo. Ali mesmo, a dez mil metros de altura, resolvi dar meu próximo all-in. Resolvi que eu realmente mudaria toda a minha vida e renunciaria a tudo que fosse necessário para focar aquele momento e essa Fase 6.

E aqui está uma reflexão fundamental que tive naquele voo: **tudo que eu fiz na minha vida até hoje, foquei 100% aquilo**. Quando você tem uma única coisa, quando está disposto a renunciar o que for necessário para aquela sua única coisa acontecer, e você tem decisão clara – você não tem confusão.

E quando as coisas não são confusas, Deus multiplica. Você rompe barreiras.

Naquele avião, senti algo que não sentia havia muito tempo: **reconhecimento mútuo entre campeões**. Não precisávamos explicar ambições uns para os outros. Não precisávamos justificar a sede de crescimento. Não precisávamos pedir desculpas por querer algo extraordinário.

Senti que com eles algo grande nasceria. E já nasceu. E já existe.

Decidi dar esse novo all-in porque reconheci algo que aprendi ao longo de toda essa jornada: **o que me fez considerar esse movimento não foi o "como", mas, sim, o "que" e "com quem"**.

PESSOAS DEPENDEM DE PESSOAS. E quando campeões se reconhecem no ar, a uma velocidade de 900 km/h, conversando sobre visões de futuro, você sabe que encontrou sua próxima arena.

Aquela não era uma conversa de negócios. Era um **alinhamento de destinos**. Era a certeza de que juntos não somaríamos forças – **multiplicaríamos possibilidades**.

E foi exatamente isso que aconteceu. Quando aterrissamos, eu sabia que minha vida estava prestes a acelerar de uma forma que eu nem imaginava.

OPORTUNIDADE NÃO SE PEDE, SE CRIA.

E ali, naquele voo, eu não apenas criei uma oportunidade – eu identifiquei o momento exato de materializá-la.

Essa história será contada em detalhes, com todo o seu desdobramento, em um próximo livro. Mas saibam que aqui eu tomei novamente uma **decisão de all-in do não óbvio**.

PORQUE CAMPEÕES NÃO ESCOLHEM O CAMINHO FÁCIL. ELES ESCOLHEM O CAMINHO CERTO.

A DECISÃO DE 15 DIAS

Cheguei em casa e falei: "Amor, vamos nos preparar. Estamos voltando para SP".

Ela: "Quando?".

Eu: "Em quinze dias".

E aqui está o momento quando tudo que escrevi neste livro foi testado na prática.

AS EMOÇÕES ENFRAQUECEM quando se trata dos seus objetivos. Naquele momento, eu poderia ter deixado o planejamento original, a zona de conforto que havíamos criado, o medo de uma mudança tão rápida me paralisarem.

CAMPEÕES CONTROLAM SENTIMENTOS AO INVÉS DE SEREM CONTROLADOS POR ELES.

Usei a urgência como combustível. Transformei a pressão da decisão rápida em energia. Canalizei toda a intensidade para focar o que realmente importava: **RESULTADOS**.

E sabe o que me impressiona na Rafaella? Ela não questionou. Não hesitou. Não criou resistência.

Porque quando dois campeões se reconhecem, eles entendem que **velocidade de decisão é vantagem competitiva**. Enquanto outros ficam planejando, pensando, hesitando, campeões executam.

Ela sabia que aqueles quinze dias não eram impulso – eram a materialização de meses de observação, análise e preparação mental. Era o momento em que todos os sinais se alinharam e pediram ação imediata.

ALL-IN NOVAMENTE

Decidimos. Avisei os meus sócios da escolha. Falei que voltaria para focar totalmente e fazer esse nosso novo projeto, chamado **ATrinca Real Estate**, decolar.

E eu chamo isso de **Fase 6**. Falei aqui das cinco fases, essa é a Fase 6. Resolvi apostar tudo novamente.

Mas por que esse movimento radical? Por que não algo mais conservador, mais seguro?

Porque ESTABILIDADE NÃO EXISTE. Essa palavra não faz parte do vocabulário dos campeões.

OS CAMPEÕES NÃO BUSCAM ESTABILIDADE, ELES BUSCAM O RISCO CALCULADO.

Eles sabem que, se querem conquistar coisas extraordinárias, precisam jogar um jogo diferente.

E AQUI ESTÁ UMA VERDADE BRUTAL: o medo de perder impede mais vitórias que as derrotas reais. A maioria das pessoas não fracassa porque tenta e falha. Fracassa porque nem tenta.

Quando tomei essa decisão, senti aquele **veneno do campeão** correndo pelas minhas veias novamente. Aquela sensação de adrenalina que não sentia havia meses. Aquela pressão gostosa de saber que estava indo para um território desconhecido, onde teria que provar meu valor mais uma vez.

E aqui está a verdade: eu **amo** essa pressão. Preciso dela. Sem ela, não sou eu.

PORQUE CAMPEÕES NÃO FOGEM DA PRESSÃO - ELES CORREM EM DIREÇÃO A ELA.

O PREÇO DA AMBIÇÃO

E aqui está uma verdade que poucos falam: **TODA GRANDE DECISÃO TEM UM PREÇO**. E campeões aprendem a calculá-lo friamente.

O preço não é apenas financeiro. É emocional. É familiar. É pessoal. É a pressão constante de provar que estava certo. É a responsabilidade de fazer dar certo não apenas para você, mas também para todos que acreditaram na sua visão.

AS PESSOAS MAIS PRÓXIMAS PAGAM PARTE DO SEU PREÇO. Mudar a vida toda em quinze dias não é fácil para ninguém. Ainda mais com um bebê recém-nascido. Ainda mais deixando a tranquilidade de Gramado pelo caos de São Paulo.

Mas Rafaella entendeu algo fundamental: ser casado com campeão significa entender que **a vida nunca será linear**. Que haverá mudanças que parecerão loucura para quem pensa pequeno. Que haverá sacrifícios que só fazem sentido quando você vê o resultado final.

E também significa estar ao lado de alguém que não aceita a mediocridade. Que não se contenta com "está bom assim". Que está sempre buscando extrair o máximo da vida.

E AQUI ESTÁ O SEGREDO: quando você aceita totalmente o preço, quando para de reclamar e começa a pagar, o universo conspira a seu favor.

A MENTALIDADE DO MOVIMENTO CONSTANTE

QUANDO PEGAR O OSSO, ROA ATÉ O FINAL. Em Gramado, eu roí intensamente. Extraí aprendizados valiosos que aquela experiência me proporcionou. Aprendi, cresci, entreguei resultados. Mas chegou o momento em que identifiquei que aquele ambiente já não era mais o que eu precisava para continuar evoluindo.

E aqui está algo fundamental sobre a mentalidade campeã:

CAMPEÕES ESTÃO EM CONSTANTE MOVIMENTO, PARA SE SENTIREM VIVOS.

Não por inquietude doentia, mas por necessidade biológica de crescimento.

Somos como tubarões – precisamos estar sempre em movimento, para respirar. Você não percebe, mas a estagnação, quando há incompatibilidade no ambiente, vai te matando aos poucos. Não fisicamente, mas mentalmente e, principalmente, espiritualmente.

Porque aqui está a diferença entre campeões e pessoas comuns: **pessoas comuns começam a se conformar**. Elas se acostumam, se acomodam, aceitam que "está bom assim". Criam justificativas para a mediocridade. Encontram conforto na zona segura.

Campeões, não. Eles não se conformam.

Quando sentem seu habitat ameaçado – seja pela estagnação, pela falta de desafios, pela incompatibilidade de velocidade –, eles não ficam reclamando ou se lamentando. **Eles vão à caça.**

Caça de novos territórios. Caça de novos desafios. Caça de pessoas que respirem no mesmo ritmo. Caça de ambientes que os acelerem, ao invés de freá-los.

Porque campeões entendem algo que pessoas comuns não conseguem aceitar: **conformismo é morte lenta**. E eles preferem a incerteza do movimento à certeza da estagnação.

De Rio Claro para São Paulo. De São Paulo para Gramado. De Gramado de volta para São Paulo em quinze dias. Cada movimento me forjando no campeão que sou hoje. E que ainda vou me tornar.

O MOVIMENTO É VIDA. A ESTAGNAÇÃO É MORTE.

E já decolou. O ATrinca Real Estate está crescendo em uma velocidade que confirma que estávamos certos. Estamos muito animados com o futuro e com toda a história que será contada.

O INÍCIO DO LEGADO

E agora, volto ao final que havia escrito naquele dia, na maternidade, antes de completar este livro com novas atualizações.

Como contei no início desta obra, este livro começou no dia 7 de setembro de 2024, quando meu filho nasceu. Ali, na maternidade, olhando para ele, escrevi sobre o legado que queria deixar. Depois, através de uma provocação do meu sócio Joel, em um barco, em Angra dos Reis, no meio do mar cristalino, algumas semanas atrás, resolvi completar esta história com as atualizações da Fase 6.

E agora, relendo minhas palavras originais, vejo que elas não apenas se mantêm – **elas se reforçam ainda mais** depois dos novos movimentos que eu e a Rafaella decidimos fazer. Cada decisão ousada, cada all-in, cada momento de coragem que vivi desde então apenas confirmam que essa é exatamente a mentalidade que quero transmitir para ele.

Por isso, volto agora ao momento em que eu estava olhando para meu filho recém-nascido na maternidade, e faço minhas reflexões. Porque algumas verdades são atemporais – e estas são as verdades que definem um campeão.

Olhando para meu filho, entendo que minha maior missão não é apenas ser um campeão – é **criar outro campeão**.

E aqui, neste momento de paternidade recente, com o coração ainda transbordando pela chegada dele, sinto uma certeza absoluta: **tudo que vivi até agora foi preparação para este momento**. Para ser o pai que ele precisa. Para ser o exemplo que ele seguirá. Para ser a base sobre a qual ele construirá sua própria jornada campeã.

PORQUE CAMPEÕES NÃO NASCEM. ELES SE FAZEM.

Todos os dias. Em cada decisão. Em cada obstáculo superado.

Em cada novo all-in.

E agora, com meu filho nos braços, sei que minha próxima missão é ensiná-lo não apenas a ser campeão, mas também a **amar ser campeão**. A entender que essa vida intensa, essa pressão constante, esse movimento perpétuo não são fardos – são **privilégios**.

Esta é minha história até aqui. Esta é minha mentalidade. Este é o legado que quero construir.

Mas o que exatamente quero transmitir para ele? Que ensinamentos específicos carrego de todas essas fases, de todos esses all-ins, de todas essas vitórias e derrotas?

Isso eu vou contar com mais profundidade.

EPÍLOGO

O VENENO CONTINUA CORRENDO

CARTA PARA MEU FILHO: OS ENSINAMENTOS ESPECÍFICOS

Filho, agora que você conhece a jornada até aqui, deixe-me ser específico sobre os ensinamentos que quero gravar na sua alma.

Muitas coisas ainda vão acontecer. Novas fases surgirão. Novos all-ins serão necessários. Novos desafios aparecerão no horizonte. Mas este livro transmite toda a **essência, valores e princípios** que vão sustentar a nossa família daqui para a frente – em todas as conquistas e dificuldades que você passará conosco.

Estas não são apenas lições de um pai para um filho. São os **alicerces** sobre os quais construiremos nossa dinastia familiar. São as **verdades atemporais** que nos guiarão quando as decisões forem difíceis, quando os caminhos estiverem confusos, quando a pressão for insuportável.

Quando você crescer e enfrentar seus próprios desafios, quando tiver que tomar suas próprias decisões corajosas, quando o mundo tentar te convencer a ser mediano – volte a este livro. Porque aqui estão as **frequências** que nos mantêm conectados como família de campeões.

Estes não são conceitos teóricos. São lições extraídas de sangue, suor e lágrimas reais. São ferramentas que funcionaram quando tudo estava contra mim, quando o medo paralisava, quando as apostas eram altas demais.

PRIMEIRO: SUAS DORES SÃO SEU MAIOR TESOURO

Filho, eu perdi meu pai aos 6 anos. Durante anos, carreguei aquela dor como peso. Mas aprendi que **toda dor tem um propósito se você escolher transformá-la em força**.

A saudade do meu pai me fez querer ser o homem do qual ele teria orgulho. A ausência dele me fez valorizar cada figura paterna que encontrei – como João Tamaru, que me ensinou valores quando eu mais precisava.

Quando a vida te machucar – e ela vai –, não se pergunte "por que comigo?". Pergunte "**para que isso?**". Sua maior dor pode se tornar seu maior combustível. Mas apenas se você **escolher** usar como força, não como desculpa.

SEGUNDO: A TÉCNICA OAE – SUA BÚSSOLA PARA A VIDA

Esta é a ferramenta mais prática que posso te dar: **Observe tudo, Autoavalie tudo, Encontre os padrões**.

Eu uso isso em tudo: relacionamentos, negócios, decisões importantes. Antes de qualquer decisão importante da sua vida, use OAE.

Seus padrões te dirão mais verdades que suas emoções. Essa técnica me salvou de erros enormes e me guiou para acertos decisivos.

TERCEIRO: SEJA UM CRIADOR DE OPORTUNIDADES

OPORTUNIDADE NÃO SE PEDE, SE CRIA. Todo espaço vago é uma oportunidade para quem tem olhos para ver.

Quando fui para São Paulo como corretor, eu não tinha contatos. **Criei**. Quando quis crescer na Tamaru, assumi a linha de produtos que ninguém queria. Quando vi a chance da Fase 6, eu estava no lugar certo porque me **posicionei** para estar lá.

Não espere oportunidades baterem à sua porta. Vá atrás delas. Melhor ainda: **crie** ambientes onde elas possam surgir. Esteja sempre observando, sempre conectando pontos, sempre identificando espaços vazios.

QUARTO: DOMINE SUAS EMOÇÕES OU ELAS TE DOMINARÃO

AS EMOÇÕES ENFRAQUECEM quando se trata dos seus objetivos. Medo, ansiedade, raiva descontrolada – tudo isso te paralisa ou te faz tomar decisões terríveis.

Eu senti medo muitas vezes. Quando saí da Tamaru. Quando fui para São Paulo. Quando tomei a decisão de quinze dias para voltar. Mas aprendi a **usar o medo como combustível**, não como freio.

A raiva controlada virou minha maior fonte de energia. Cada pedra que recebi, cada crítica, cada tentativa de me limitar – transformei em **combustão pura**.

Sinta as emoções, reconheça-as, mas **controle-as**. Não deixe que elas controlem você.

QUINTO: SEJA INABALÁVEL EM SUAS CONVICÇÕES

O CAMPEÃO NÃO É INFLUENCIÁVEL. Muitas pessoas vão tentar te fazer desistir, te convencer de que você está errado, te limitar para te manter no nível delas.

Me disseram que eu era louco ao sair de Rio Claro. Depois, que eu não tinha experiência para ser gerente. Que nunca cresceria na Cyrela. Que não tinha perfil de campeão. Que a mudança para o Sul era um erro.

Filho, prepare-se: pessoas vão tentar te convencer de que seus sonhos são impossíveis. Especialmente aquelas que nunca tiveram coragem de sonhar grande. Elas vão disfarçar o medo da própria mediocridade como "conselho sensato". Vão chamar sua ambição de loucura, sua determinação de arrogância, sua visão de ilusão.

E sabe o que aprendi? **Toda vez que alguém disse que eu não conseguiria, eu consegui.** Toda vez que acharam que era loucura, era exatamente o que eu precisava fazer. Toda vez que tentaram me limitar, era porque eu estava prestes a voar mais alto do que eles jamais voariam.

As críticas se tornaram minha bússola invertida: quando todo mundo achava que eu estava errado, eu sabia que estava no caminho certo. Porque pessoas pequenas sempre tentarão te convencer a pensar pequeno.

Ouça conselhos de pessoas que **já fizeram** o que você quer fazer. Mas tome suas próprias decisões. No final, você vai viver com as consequências – então **você** precisa ter certeza de que foram suas escolhas.

SEXTO: VELOCIDADE DE DECISÃO É VANTAGEM COMPETITIVA

Quando todos os sinais se alinham, quando a clareza chega, quando a oportunidade bate na porta – **execute imediatamente**.

A decisão de quinze dias para voltar a São Paulo testou tudo que eu prego. Poderia ter planejado por meses, criado cronogramas detalhados, minimizado riscos. Mas quando campeões identificam o momento certo, eles **agem**.

Enquanto outros ficam planejando, pensando, hesitando – campeões executam. Velocidade de decisão separa quem fala de quem faz.

SÉTIMO: NUNCA SUBESTIME O PODER DO AMBIENTE CERTO

Se você quer voar com águias, não ande com galinhas. Se você quer ser campeão, não conviva com medianos. **O ambiente sempre vence.**

Em cada fase da minha vida, o ambiente foi decisivo. Rio Claro me deu base. São Paulo me deu velocidade. Gramado me deu perspectiva. E São Paulo novamente me deu a arena certa para a Fase 6.

Reconheça quando você cresceu além do seu ambiente atual. Às vezes o problema não é o lugar estar ruim – é você ter evoluído além dele. Quando isso acontecer, **mude de território**.

OITAVO: ESCOLHA SUAS BATALHAS E SEUS ALIADOS

PESSOAS DEPENDEM DE PESSOAS. Jamais chegaria aonde cheguei sozinho. Em cada etapa, cada fase, eu tive pessoas às quais sou grato até hoje. Que me ajudaram a me lapidar, ampliar minha visão e ser quem eu sou. Assim como isso continuará para o resto da vida.

Aprenda a reconhecer outros campeões. Eles pensam diferente, agem diferente, sacrificam diferente. Quando encontrá-los, **agarre-se a eles**. Mas lembre-se: para atrair campeões, você precisa **ser** um campeão.

SOBRE SUA MÃE: O EXEMPLO MÁXIMO DE CAMPEÃ

Filho, quero que você entenda o que sua mãe representou nesta jornada.

Abraçou mudanças radicais sem garantias. Suportou a intensidade de viver com alguém que nunca para. Quando eu disse "vamos voltar para SP em quinze dias", ela não hesitou.

Por quê? Porque campeões reconhecem outros campeões. Ela sabia que, se eu não fizesse aquele movimento, uma parte de mim morreria aos poucos.

Quando você encontrar alguém assim – alguém que entenda sua jornada, que apoie seus all-ins, que cresça junto com você –, **proteja. Valorize. Honre.**

PARA VOCÊ QUE ESTÁ LENDO: O DESAFIO FINAL

E agora, para você que acompanhou esta jornada até aqui, tenho palavras diretas.

Você leu sobre transformar dores em combustão. Sobre criar oportunidades. Sobre controlar emoções. Sobre ser inabalável. Sobre velocidade de decisão.

Mas a pergunta que fica é: e você?

O DIAGNÓSTICO BRUTAL

A maioria das pessoas que vai ler este livro vai fechá-lo, falar "que inspirador" e continuar exatamente igual. Vão voltar para a zona de conforto, para as desculpas, para a mediocridade.

E sabe por quê? Porque **ler sobre mentalidade campeã é fácil.**

VIVER MENTALIDADE CAMPEÃ É BRUTAL.

Exige sacrifícios que seus amigos não vão entender. Exige decisões que sua família vai questionar. Exige um nível de pressão que a maioria não aguenta.

O TESTE DE 90 DIAS

Aqui está meu desafio para você:

Escolha UMA área da sua vida e aplique mentalidade campeã nela pelos próximos 90 dias.

- Use a técnica OAE antes de decisões importantes.
- Transforme uma dor atual em combustível para algo maior.
- Crie uma oportunidade, em vez de esperar por ela.
- Cerque-se de pessoas que te acelerem, não que te freiem.
- Controle suas emoções, ao invés de ser controlado por elas.
- Tome uma decisão importante com velocidade, não hesitação.
- Mude de ambiente se ele te limita.

Se você fizer isso – **realmente** fizer –, vai sentir aquele **veneno do campeão** começando a correr nas suas veias.

E quando sentir, você vai entender: não existe volta. Porque mediocridade passa a ser fisicamente insuportável.

O VENENO NUNCA PARA

Enquanto escrevo estas palavras finais, o ATrinca Real Estate cresce em uma velocidade que confirma que tomamos as decisões certas. Meu filho cresce saudável. Rafaella me apoia incondicionalmente mais uma vez.

E eu sinto aquele **veneno do campeão** correndo mais forte que nunca pelas minhas veias.

PORQUE AQUI ESTÁ A VERDADE FINAL: ser campeão não é um destino. É um **estado mental permanente**. É acordar todos os dias sabendo que você pode mais. É ir dormir todos os dias planejando como fazer mais. É viver em constante estado de evolução.

É nunca se conformar.

Meu pai morreu há 27 anos. E cada dia que vivo é uma oportunidade de honrar a vida que ele não pôde viver. Cada conquista é por mim, pela minha família, e por ele.

Você tem essa mesma oportunidade todos os dias.

A VIDA É CURTA DEMAIS PARA SER MEDIANA. LONGA DEMAIS PARA SER DESPERDIÇADA. PRECIOSA DEMAIS PARA SER VIVIDA COM MEDO.

Quando você sentir o veneno correndo pelas suas veias, quando a mediocridade começar a te incomodar fisicamente, quando você não conseguir mais aceitar "está bom assim" – você vai entender.

Você virou um campeão.

E campeões não param. Eles apenas buscam arenas maiores.

O veneno continua correndo.

A jornada continua.

Seja um Campeão.

O LONGO PRAZO SEMPRE VENCE.

Este livro termina aqui. Mas sua jornada de campeão... essa está apenas começando.

- Cézar Augusto Haik Filho